“十二五”国家重点图书出版规划项目
北京市社会科学理论著作出版基金重点资助项目

GZC 高校主题出版
GAOXIAO ZHUTI CHUBAN

／总主编　韩　震／

# 社会主义核心价值观·关键词

# 民　主



石碧球　编著

中国人民大学出版社
·北京·

# 目　录

# 导言

## 民主：跳出“兴亡周期率”的新路

1945 年 7 月，著名民主人士黄炎培走进延安杨家岭的一孔窑洞中，同中共领袖毛泽东就如何治理国家进行了一次经典的对话。

黄炎培对毛泽东说：“我生六十余年，耳闻的不说，所亲眼见到的，真所谓‘其兴也勃焉，其亡也忽焉’，一人，一家，一团体，一地方，乃至一国，不少单位都没有能跳出这周期率的支配力。大凡初时聚精会神，没有一事不用心，没有一人不卖力，也许那时艰难困苦，只有从万死中觅取一生。继而环境渐渐好转了，精神也就渐渐放下了。有的因为历时长久，自然地惰性发作，由少数演为多数，到风气养成，虽有大力，无法扭转，并且无法补救。也有因为区域一步步扩大了，它的扩大，有的出于自然发展；有的为功业欲所驱使，强求发展，到干部人才渐见竭蹶，艰于应付的时候，环境倒越加复杂起来了，控制力不免薄弱了。一部历史，‘政怠宦成’的也有，‘人亡政息’的也有，‘求荣取辱’的也有。总之，没有能跳出这周期率。中共诸君从过去到现在，我略略了解的了。就是希望找出一条新路，来跳出这周期率的支配。”

面对黄炎培的一席坦然之言，毛泽东自信地回答：“我们已经找到了新路，我们能跳出这周期率。这条新路，就是民主。只有让人民来监督政府，政府才不敢松懈；只有人人起来负责，才不会人亡政息。”

黄炎培对毛泽东的回答倍感欣然，他说：“我想，这话是对的。只有大政方针决之于公众，个人功业欲才不会发生。只有把每一地方的事，公之于每一地方的人，才能使地地得人，人人得事，用民主来打破这个周期率，怕是有效的。”

这次对话，被后世誉为“窑洞对”而广为流传。毛泽东所给出的答案，既是对近代以来先进的中国人在思考中国向何处去时所显现出焦虑和彷徨心态的回应，更是对中国共产党人不懈探求挽救民族危亡、实现中华民族伟大复兴的民主之路的集中概括和精确表达。一代代的中国共产党人，顺应历史发展的潮流和最广大人民的诉求，立足中国的国情，同时借鉴人类优秀政治文明发展成果，走出了一条能够跳出“兴亡周期率”的中国式“民主新路”。

马克思和恩格斯在《共产党宣言》中提出：“工人革命的第一步就是无产阶级变成为统治阶级，争得民主。”以实现共产主义为理想的中国共产党自 1921 年建党，就始终以民主为基本的政治价值诉求，在艰苦的革命洪流中，不断探索民主在中国的实现道路。1949 年，中国共产党通过民主建国的方式，结束了近代以来照搬西方政治发展模式的失败尝试，实现了向新型人民民主政治的伟大跨越，开启了人民民主政治发展的新历程。1978 年改革开放以来，中国共产党深刻总结社会主义民主正反两方面历史经验，强调人民民主是社会主义的生命，坚持国家一切权力属于人民，不断推进政治体制改革，社会主义民主政治建设取得重大进展，成功开辟和坚持了中国特色社会主义政治发展道路，为实现最广泛的人民民主确立了正确的方向。

民主是 21 世纪中国发展的一个重要主题。在党的十八大报告中，“民主”一词就出现了 69 次。在今天的中国，民主是个好东西，这已成为中国人和中国共产党人的基本共识。在要不要民主的问题上，可以说没有什么争议。但是，民主究竟是什么？中国能够实行什么样的民主？中国式民主的优势和特点又在哪里？中国民主政治的发展应该选择何种道路？对这一系列问题的追问，依然是我们无法摆脱但又必须予以澄清的重大任务。

# 第一章

## 什么是民主？

作为一种现代社会的主导价值观，民主是一个备受世人赞誉，却又常常遭到各种滥用和误解的观念。每一个人都声称自己在捍卫着民主，但他们各自所理解的民主却往往相差甚远。在“民主是什么”、“民主应是什么”的问题上，人们远未达成基本的共识。

从辞源上考察，民主（democracy）一词是由希腊文的 Demos（人民）和 Kratia（统治或权威）演变而来，其最初的含义就是人民的统治（the rule of people）。用我们最熟悉、最通俗的话语来说，就是“人民当家作主”。但是，什么是这里的“人民”？每一个人？某个特别的阶层？抑或依据某种原则所确立的多数人？另外，应当怎样理解人民的“作主”？是任何政治事务都事必躬亲？还是仅在选举代表时作主？这些问题看起来很简单，却是我们厘清民主的含义的前提和基础，更有助于我们对“民主是否是普适的价值”、“我们该如何推进民主政治建设”等问题形成清晰的认识。

**经典论述**

民主是什么呢？它必须具备一定的意义，否则它就不能存在。因此全部问题在于确定民主的真正意义。如果这一点我们做到了，我们就能对付民主，否则我们就会倒霉。

——马克思

# 一、民主之“民”：大众与精英的结合

在民主的传统概念中，当家作主的“民”并不是一个有着共同的利益、组织和思想的行动主体，相反，在其内部有着众多的分野，其中最常见的分野就是民主之“民”究竟是大众还是精英的论争。

古希腊的雅典城邦是西方民主思想和实体的发源地。不同于单个君主的独裁统治，也不同于少数贵族的寡头统治，在希腊的民主政治生活中，管理公共事务的权力并不归为某一个人，或者某一部分人，而是属于公民的整体。在此意义上，民主之“民”就包括了雅典城邦的全部公民，而不论他们的出身、地位、财产和德性。古希腊政治家伯利克里曾这样热情地歌颂雅典的民主制度：“我们的制度之所以被称为民主政治，因为政权是在全体的公民手中，而不是在少数人手中。”①

雅典的民主制将民主之“民”归为全体的公民，应当说最符合民主“人民的统治”这一本质含义，但事实并非如此。一方面，希腊城邦中的公民并非指所有的人，而是指那些20岁以上、父母均为雅典自由民的男性，而那些成年的女性、男性奴隶以及外邦人都不是雅典民主中的“民”，从这个角度看，这里的“民”反而是城邦中的少数人。另一方面，公民中居于大多数的“大众”（the mass）来自于不同的阶层，他们中的多数政治素养参差不齐，并不具备分析复杂社会问题的能力，而且容易受情感的支配，缺乏为了整体的和长远的利益而牺牲个人的和眼前的利益的意志力，因而在很多时候被看作并不适宜去讨论国家事务。从柏拉图的“哲学王统治”，到黑格尔的“作为单个人的多数人（人们往往喜欢称之为‘人民’）……的行动完全是自发的、无理性的、野蛮的、恐怖的”②，大众在政治哲人的视野中更多地呈现为一群对政治事务缺乏正确选择能力、易受野心家蛊惑和操纵的“乌合之众”的黑色面相。正因为此，在19世纪中叶以前，主流思想家，如苏格拉底、柏拉图、西塞罗、阿奎那、孟德斯鸠，反而都认为“大众”的民主是个坏东西。

民主的精髓是人人参与决策，但公共决策是一项非常专业化的技能，只有经过特殊训练、掌握了治理之道的人才能堪当重任，而居于多数的大众并不具备这样的能力。这就使得许多民主理论家主

---

① 转引自［古希腊］修昔底德：《伯罗奔尼撒战争史》，147页，北京，商务印书馆，2004。

② ［德］黑格尔：《法哲学原理》，323页，北京，商务印书馆，1961。

张，对民主的诉求并不意味着我们就要支持平民政治或人民平等地分享政治权力，相反，民主之“民”应当归之为居于少数人的“精英”(the elite)。所谓精英，“最初是指（并且在大部分情况下仍然是指）最好的、最优秀的、最高贵的人”[①]，而在现代民主的架构中，精英则是指那些对政治制度和公共政策有相对独立的判断和思考的人们，他们为理性所支配，有政治参与的热情和能力，对政治问题担负有责任感和确定的意志，因而被认为更有资格掌握统治的权力。对于精英民主论者来说，大众不会因为他们在人数上的优势而获得治理能力上的优势，实际上，他们在多数情况下更需要少数精英的指引，因此，民主政治实质上是居于少数的“优秀人”即精英创造的，是精英或政治家的统治。只有居于多数的大众尊重少数精英的正常权威，民主才可以成为一种现实可行的制度运作。

精英民主论者严格限定大众在民主政治中发挥作用，甚至认为大众是进行决策的妨碍，这无疑是偏离了民主的原意：民治（by the people)，也即人民的统治。民主的精髓是人人都能够当家作主，如果我们所诉求的民主政治并不以全体的人民为基础，最终带来的只能是“民主的寡头政治”的事实。但另一方面，我们也要看到，如果没有精英的组织和领导，民主将是不可想象的。列宁就认为：“在历史上，任何一个阶级，如果不推举出自己的善于组织运动和领导运动的政治领袖和先进代表，就不可能取得统治地位。”[②] 单纯地从意识形态出发，盲目支持不受约束的平民政治，或主张由人民平等地分享政治权力，决定政治事务，很可能会带来“民主的暴政”的风险，甚至是极权主义的威胁。

民主本质上是“民治”，但民主的存在又不得不依赖于精英的统治。在很大程度上，民主是政治精英对社会的一种给予。就此而言，

---

① ［英］帕特里克·邓利维、布伦登·奥利里：《国家理论：自由民主的政治学》，93页，杭州，浙江人民出版社，2007。

② 《列宁选集》，3版，第1卷，286页，北京，人民出版社，1995。

民主之“民”既包括大众、平民，也包括精英。在推进民主化的进程中，政治精英角色不可或缺，大众必须接受精英的领导和组织。如果非要说民主是人民的统治，那也是说民主选择精英来进行统治。但是，精英对政治生活的引导和制约，并不意味着要否认大众对民主政治的意义。相反，精英的统治如果不能赢取大众的同意，不能与大众的利益和政治取向相一致，其做出的决策不能为大众有效地控制，那就是与民主政治背道而驰了。要实行真正的民主政治，就是要创造一种精英主义与平民主义结合起来的机制，在大众和精英之间提供一种制度进而维持恰当的平衡。

## 二、民主之“主”：直接与间接的贯通

民众以何种方式“作主”，这是决定民主之实质的重要方面。在政治共同体中，如果公民作为国家的主人，并不借助任何的中介和代表，而是直接参与并管理政治事务，所体现的政治秩序和制度形式就是一种直接民主。在此意义上，直接民主就是民众自己作自己的“主”。直接民主有两个层次的含义：第一个层次是公民日常并不亲自参与政治统治，但在一些具体问题或特定的事务上，仍然以直接选举、全民公决等方式直接做出决定。例如，2014 年 9 月 18 日，苏格兰的民众就以公民投票的形式，来决定苏格兰是否从英国独立，成为一个独立的国家。第二个层次则是指公民直接行使政治权力，参与国家所有公共事务的管理和决定，也即整个国家制度都采取直接民主的形式，每一个公民都既是统治者，也是被统治者。例如，雅典时期所推行的民主实践就属于这个层次。在这种政治实践中，国家或城邦的公共事务乃是由全体公民参与的公民大会以讨论和票决的方式来做出最终的决定。时至今日，“广场议政、举手表决”这种古老的民主方式依然在许多地方得以保留，例如，瑞士至今就仍

然采取“直接民主”或“半直接民主”的形式来治理国家。

我们看到，直接参与、直接管理、全民公决等乃是构成直接民主的决定性要素，最贴切地体现了“人民自己统治自己”的政治意愿。在此政治图景中，公民通过自己在公共的政治舞台上自愿的参与和“出场”，积极介入到政治生活中，以少数服从多数的方式来做出集体的决策，直接决定国家的大小事务。可以说，直接民主是最原汁原味的民主形式，是最为理想的民主模式，理应成为人类为之努力的方向。但是，无论是在理论上，还是在实践中，直接民主并未获得足够的认同，在大多数时候甚至被认为无法满足其实现的条件而根本不可践行。一方面，直接民主的推行要受到规模的桎梏。正如密尔所认为的：“在面积和人口超过一个小市镇的社会里除公共事务的某些极次要的部分外，所有的人亲自参加公共事务是不可能的。”① 直接民主要求民众自己治理自己，而自治的真实性要取决于自治的时间、空间以及参与者的数量。参与者的人数越多，时空跨度越大，民众就越难以直接参与的方式直接表达自己的意愿，自治的能力就越受到阻碍。另一方面，直接民主的推行也容易形成“多数人暴政”。直接民主要求每一个民众都参与到公共事务中，最终的结果体现在少数服从多数的原则上，也即认为，民主越直接，就越能表达和接近真理。但事实往往与之相反。公众参政的能力参差不齐，这就意味着，人数上绝对占优不一定等同于事实上的最优，多数也可能意味着错误。这就要求我们能够生成必要的决策机制，以保证在多数意见出现错误时，能够自行进行纠正。但是，由于直接民主是以全体民众的名义来进行运作，其本身并不具备自我纠错的机制，从而容易将多数原则绝对化，借“人民”和“民主”的名义，将错误的决定变成任何人都必须无条件服从的“公意”，就容易形成“多数人暴政”。历史上，雅典的民众以“不信神”和“败坏青年”

① ［英］密尔：《代议制政府》，55页，北京，商务印书馆，1984。

为理由，投票判处苏格拉底以死刑，就是这种多数暴政的典型。

正是考虑到人口的规模、国家治理的专业化和精细化等因素，直接民主在现代民主国家基本上销声匿迹，占据主流地位的是间接民主，也即代议制民主形式。在这种形式中，民主本身的实现方式发生了根本的改变。民众并不直接行使政治权力，而是仅仅保留选举的权利，通过自己的选举，将立法、行政以及司法职权交付给选出的代表来行使。显然，“决定政治问题的权力”和“选举作出政治决定的人”已从形式上严格加以区分，从而能够很好地解决如何在大规模的现代政治社会实现民主的问题。同时，通过强调宪法的权威，以及一系列纠错机制、监督机制的引入，间接民主能够很好地避免直接民主形式中民主蜕变为专制和暴政的现象。

正是基于间接民主相比直接民主的一系列优点，许多人在谈论我们国家所要推行的民主时，常常想当然地把民主等同于“选举”及其现代形式“代议制民主”。有学者在比较这两种民主模式时，甚至认为，在国家体制上的间接民主是唯一合理可行的选择。显然，只要我们对间接民主的实质稍加探究，就会认识到这种观点的偏执。早在《社会契约论》中，卢梭就一针见血地指出：“英国人民自以为是自由的；他们是大错特错了。他们只有在选举国会议员的期间，才是自由的；议员一旦选出之后，他们就是奴隶，他们就等于零了。”① 由于在间接民主中，民众只承担选举的功能，而不能成为真正的决策者，因此，民众的选举就由原本政治参与的方式演变成了“选主”，民主的含义也由原初的“人民的统治”演变为“人民的同意”以及随之而来的“政治家的统治”。显然，这种民主形式与原初的、理想的民主相差甚远，根本就不是一种真正的民主制度。

基于上，无论是直接民主，还是间接民主，都有各自的优缺点以及实现的条件。在现代政治社会，固执地认为必须推行哪一种民

① ［法］卢梭：《社会契约论》，125 页，北京，商务印书馆，1980。

主形式本身并不具备天然的合法性。正如罗伯特·达尔所指出的：有时候，小的（直接民主）就是美的；有时候，大的（间接民主）要更好。对我们来说，恰当的做法是如何创设一种符合自身特点的新的民主模式，既满足人民当家作主的民主实质，使民众真正享有管理国家事务的权力，又找到切实保障人民真正当家作主的实现形式，使直接民主与间接民主以一种彼此强化、彼此融贯的方式而共存。

## 三、“民”与“主”：内容与形式的统一

在很大程度上，民主之“民”所涵括的范围以及人数多寡会影响到民主之“主”的形式与过程。小国寡民被认为更适合于采取直接民主的形式，而无论是疆域还是人口都远远超出公民彼此间能够达到同质性状态的现代国家中，更为合理的似乎是采取间接民主的形式。但是，我们也要看到，不管是直接民主，还是间接民主，都仅仅是为了实现民众能够作主的手段和方式，而绝不是民主本身。着力于此，对“什么是民主”的问题，我们就必须从内容和形式、目的和手段二者相统一的角度加以考量。

一方面，从内容上看，民主的出发点和目的乃是“当家作主的民”。民主制与寡头制、君主制和贵族制的根本区别在于，人民是国家的基础，并且能在国家政治生活中切实有效地行使主人的权力。真正的民主必须要使民众自觉地认识到自己的“原有力量”，即作为主权者为自己作主的权利，使每一个民众都可以平等、自由、自主地参与社会公共事务的治理。在此意义上，真正的民主本身即是从整体意义上的“人民”出发，把整个国家制度都看成是“人民的特殊内容和人民的特殊存在形式”①。正如马克思所指出的，民主是通

① 《马克思恩格斯全集》，中文2版，第3卷，41页，北京，人民出版社，2002。

过国家而实现的“人民的自我规定”。“在民主制中，国家制度本身只表现为一种规定，即人民的自我规定……国家制度在这里表现出它的本来面目，即人的自由产物。”[①]

另一方面，从形式看，民主是一种国家制度。“民主制是作为类概念的国家制度。”[②] 无论是雅典的直接民主制，还是多数西方国家所奉行的代议制民主，其运行方式都不能完全保证民主在治理中的实现。如果没有行之有效的约束，直接民主和间接民主都会偏离自己的轨道，变成非民主。因此，要使“人民的统治”不只是停留在理想的层面上，而是要在现实中得以实现，我们就必须创设一种真正的民主制度。在这样一种制度中，整个国家都成为“这样一个联合体，在那里，每个人的自由发展是一切人的自由发展的条件”[③]。在这种制度中，作为一个自由的联合体的民众，其自身的权力与民主的组织结构相统一起来，并通过程序化的制度途径，“保证全体人民真正享有通过各种有效形式管理国家、特别是管理基层地方政权和各项企业事业的权力，享有各项公民权利”[④]，使民主由观念形态外化为一种现实的政治运作状态。

---

① 《马克思恩格斯全集》，中文 2 版，第 3 卷，39～40 页，北京，人民出版社，2002。
② 《马克思恩格斯全集》，中文 1 版，第 1 卷，280 页，北京，人民出版社，1956。
③ 《马克思恩格斯选集》，2 版，第 1 卷，294 页，北京，人民出版社，1995。
④ 《邓小平文选》，2 版，第 2 卷，322 页，北京，人民出版社，1994。

# 第二章

## 民主的中国历程

追求民主是19世纪中叶以来中国人民寻求自己现代身份以及民族国家认同的重要命题。从诞生那天起，中国共产党就带领中国人民高举民主旗帜，以追求和实现民主为目标，把马克思主义的民主理论同中国革命和建设的具体实践结合起来，逐渐形成了中国特色社会主义民主理论，探索和创新了一条具有中国特色的社会主义民主新路。尽管中国共产党在探索民主政治建设过程中也走过不少弯路，有许多深刻的教训，但这丝毫没有动摇过党坚持领导人民建设社会主义民主政治的追求和信心。在要不要民主的问题上，共产党人从来就是十分明确的，从来没有含糊过。因此，探索民主在中国经历过曲折而又漫长的历程，梳理中国共产党所领导的民主发展道路，有助于我们更好地把握民主政治建设的规律和方向，以期把中国的民主政治建设推向新的高度，把中国真正建设成社会主义民主法治国家。

## 一、西方民主思想在中国的传入与初步实践

作为一个描述政治生活方式的概念，民主对我们来说是一个"舶来品"。虽然早在先秦时期，"民主"一词就多次出现。如《书·多方》："天惟时求民主，乃大降显休命于成汤。"《左传·文公十七年》："齐君之语偷。臧文仲有言曰：'民主偷必死'。"西汉以后，"民主"一词更是史不绝书，如东汉初班固的《典引》："肇命民主，五德初始。"《三国志·武帝纪》裴松注引《魏氏春秋》："夏侯惇谓王（曹操）曰：'天下咸知汉祚已尽，异代方起。自古以来，能除民害为百姓所归者，即民主也'。"但是，在这些语句中，"民主"是一个偏正结构的词，即民之主，民之主宰者，这与现代汉语"民主"一词的"民为主"之含义大相径庭。

近代以来，“民主”一词，在含义上经历了一个由偏正结构的“民之主”到主谓结构的“民做主”的渐变过程，而这之中，起关键作用的当属用“民主”对译英语的“democracy”。“民”对应的是demo（民众），“主”对应的是cracy（支配、统治）。通过这样的翻译，“民主”逐渐获得了新的含义，并使越来越多的先进中国人认同和接受这一含义。洋务运动时期，许多游历西方的士大夫开始比较君主国与民主国的优缺点，认识到民主是一种不同于君主制的国家体制。如王韬就提道：“泰西之立国有：一曰君主之国，一曰民主之国，一曰君民共主之国……一人主治于上而百执事万姓奔走于下，令出而必行，言出而莫违，此君主也。国家有事，下之议院，众以为可行则行，不可则止，统领但总其大成而已，此民主也。朝廷有兵刑礼乐赏罚诸大政，必集众于上下议院，君可而民否，不能行；民可而君否，亦不能行也；必君民意见相同，而后可颁之于远近，此君民共主也。”① 我们看到，尽管这些学人在理论上更多地是从“重民”而非现代的人民主权意义上去理解民主，但他们通过对西方政治实践的接触，已经对“民主”对应的西方政治对象有逐渐明晰的认识。

甲午战争后，越来越多的中国人开始留学日本，通过日本所翻译的西学新汉文，逐渐加深了对西方文化的了解，“民主”一词的含义也逐渐接近“democracy”的本义。如梁启超自留学日本后，就开始从政体的维度去理解民主，提出“民主国所最要者，在凡百听民自为，其不能躬亲者，则选官吏以任之”，强调民主“本旨之最要者，则人民皆自定法律，自选官吏，无论立法、行法，其主权皆国民自握之，而不容或丧者”②。进入20世纪，由留学生、国内学堂学生以及接受西学的开明士绅组成的知识分子队伍不断壮大，“民主”开始与“共

① 王韬：《重民》（下），见《弢园文录外编》，22～23页，北京，中华书局，1959。

② 梁启超：《法理学大家孟德斯鸠之学说》，见《饮冰室文集点校》，406页，昆明，云南教育出版社，2001。

和”一起频繁出现，形成了“君主立宪”与“民主（共和）立宪”相对峙的话语体系，民主革命开始演变为社会主流的政治诉求。

我们看到，中国人民对民主的最初认识和追求并不是内生自发的，而是作为一种对西方列强欺压和侵略而遭遇到强烈民族危机意识的应激回应。清末帝制的民主制转型的失败，使民主革命成为中国走向民主化进程无法逃脱的历史宿命。进入 20 世纪，对于中国人来说，所关注和争执的已经不是要不要民主的问题，而是要解决“谁之民主”、“如何民主”，也即要实现什么样的民主以及如何实现民主的问题。辛亥革命的爆发，固然使民主制在中国成为一种现实的政体选择，但是民主的价值远未在汉语语境中获得其合法性，为大众真正接受和认同。正如共产党人的先驱林伯渠在回顾这段历史时所指出的：“辛亥革命前觉得只要把清帝推翻便可以天下太平，革命以后经过多少挫折，自己所追求的民主还是那样的遥远。”①

辛亥革命建立了共和政体，但民主却远未实现。“无量头颅无量血，可怜购得假共和。”在许多知识分子看来，其根本的原因乃在于，由于长期处在封建专制社会中，原本应当成为民主主体的大众并不是现代意义上的“国民”，相反，他们只是主体意识失落的奴性人格载体。因此，对许多倡导民主理念的知识分子来说，最为重要的任务就是要通过启蒙去唤醒民众、开启民智，以实现“立人”。1915 年 9 月，《新青年》创刊，旗帜鲜明地发出了要民主、要科学的呐喊，由此开启了启蒙大众的历程。启蒙者从抽象的人权出发，提出了“惟民主义”的主张，强调民主政治的实现，“纯然以多数选举权国民对于政治，自觉其居于主人的主动地位为唯一根本之条件”。

中国的启蒙知识分子通过“立人”来走向民主政治的道路并未能按预定的方案来进行。须知，没有一个主权独立的现代民族国家，

---

① 林伯渠：《荏苒三十年》，载《解放日报》，1941-10-10。

人是根本无法立起来的。要立人，必须先立国。与此同时，巴黎和会上，宣扬“自由、民主、平等”的西方列强剥夺了中国本应有的主权，这就使得许多先进知识分子开始重新审视资本主义价值体系中的民主制度，并逐渐认识到西方资产阶级民主的虚伪性。十月革命一声炮响，给中国人民送来了马克思主义。在痛苦的抉择中，先进的中国人民最终选择了马克思主义，选择了一条无论是在价值层面，还是在制度层面上，都要优越于资本主义价值体系的民主新路。

## 二、中国共产党在新民主主义革命时期的民主探索与实践

1921 年 7 月，在马克思列宁主义同中国工人运动相结合的进程中，中国共产党应运而生。自成立始，中国共产党就创造性地实践和发展马克思主义民主理论，始终高扬民主旗帜，认识到工人革命的第一步就是无产阶级变成统治阶级，争得民主，将建立一个独立的民主主义和社会主义的国家政权，并最终使全人类获得解放作为自己的奋斗目标。中共一大明确提出，“党的根本政治目的是实行社会革命”，“革命与无产阶级一起推翻资产阶级的政权”，“由劳动阶级重建国家，直至消灭阶级差别”，由此拉开了党领导人民进行民主探索和实践的序幕。

中共二大在正确地分析中国的社会性质，中国革命的性质、对象、动力和前途的基础上，按照民主集中制的组织原则，在中国近代史上第一次明确提出反帝反封建的民主革命纲领，制定了“消除内乱，打倒军阀，建设国内和平；推翻国际帝国主义的压迫，达到中华民族完全独立；统一中国为真正的民主共和国”的政治目标，提出“工人和农民，无论男女，在各级议会市议会有无限制的选举

权，言论、出版、集会、结社、罢工绝对自由”① 等民主政治的行动准则，强调工人和平民要与城市小资产阶级组成“民主主义联合战线”，这些都为中国人民探索民主政治建设指明了方向。

大革命时期，中国共产党帮助孙中山改组了国民党，建立了国民革命军，蓬勃的工人运动和轰轰烈烈的南方农民运动兴起，伟大的北伐战争开始了。在此过程中，中国共产党人越来越清晰地认识到，除了无产阶级是最彻底的革命民主派外，农民是最大的革命民主派。正当革命形势迅猛发展、工农民主运动呈现燎原之势时，1927 年，蒋介石和国民党反动派背叛孙中山的革命政策，将大革命推入血与火的深渊。血腥的屠杀并未能阻碍中国共产党人对民主进程的推进，相反，他们在血的教训中认识到：要推进民主政治建设，建立人民自己的政权，无产阶级政党必须掌握革命的领导权，开展武装革命斗争。武装夺取政权，开展根据地建设，就成为中国实现民主的前提条件。

大革命失败后，中国共产党先后领导了南昌起义、秋收起义等一系列的武装起义。在城市斗争遭到挫折后，以毛泽东为代表的中国共产党人果断地将革命方向转向农村，创建了井冈山革命根据地，并开始建立“民主集中主义的民众政权组织”——工农民主政府。随后的几年，红色政权区域已扩展到湘鄂赣三百余个县城。在此基础上，1931 年 11 月，中华工农兵苏维埃第一次全国代表大会在江西瑞金召开，大会通过了《中华苏维埃共和国宪法大纲》，成立了中华苏维埃共和国临时中央政府。《中华苏维埃共和国宪法大纲》规定，中华苏维埃政权是工人和农民的民主专政的国家，苏维埃全部政权“属于工人、农民、红军兵士及一切劳苦民众”，因而是彻底的民权主义。苏维埃的政权组织形式采取工农兵代表大会制，全国工农兵代表大会是最高政权机关，它保障工农群众享有言论、出版、集会、

① 中央档案馆编：《中共中央文件选集》，第 1 册，77～78 页，北京，中共中央党校出版社，1982。

结社等政治民主及物质保证，并规定法律面前一律平等。中华苏维埃共和国的建立，是中国共产党早期探索民主政权建设的一个成功实践，标志着中国共产党领导建立的、由工农大众当家作主的政权首次以国家形态的形式登上了中国政治舞台，在中国民主发展史上有着划时代的意义。

“九一八”事变爆发后，中华民族与日本帝国主义的矛盾逐渐上升为主要矛盾。在此背景下，中国共产党也开始逐步调整民主政治的发展路径，把“争得民主”看成是“抗日救亡”取得胜利的中心环节，强调政治制度的民主改革和人民的自由权利，是抗日民族统一战线纲领的重要部分。毛泽东在《中国共产党在抗日时期的任务》一文中就指出，“中国必须立即开始实行下列两方面的民主改革。第一方面，将政治制度上国民党一党派一阶级的反动独裁政体，改变为各党派各阶级合作的民主政体。……第二方面，是人民的言论、集会、结社自由。没有这种自由，就不能实现政治制度的民主改革”①。着力于此，中国共产党除了积极督促国民党切实“实现民主改革，以动员全体民众加入抗日战线”② 外，还广泛联系社会的各个阶层，为建立“新民主主义共和国”，积极开展民主政治的实践：依据“三三制”原则，先后在边区和各抗日根据地建立了具有广泛民主基础的抗日民主政权，将陕甘宁边区政府建设成“民主的模范政府”；各根据地政权先后发布了《晋察冀边区目前施政纲领》、《晋冀鲁豫边区政府施政纲领》、《陕甘宁边区施政纲领》等宪法性文件，规定实行普遍、直接、平等、无记名投票的选举制度，选举出“议行合一”的边区、县、乡三级参议会，保障了一切抗日人民的选举权和被选举权；明确规定人民享有广泛民主的自由权利，并在民主实践中教育和引导人民正确行使自己的民主权利；依据民主集中制的原则，充分发扬党员的自动性与积极性，提高党员对党的事业的

① 《毛泽东选集》，2版，第1卷，256～257页，北京，人民出版社，1991。

② 《毛泽东选集》，2版，第2卷，373页，北京，人民出版社，1991。

责任心，发动党员在党章规定的范围内发表自己的意见，进一步完善和扩大了中国共产党的党内民主。

抗战胜利后，为了反对国民党所推行的一党独裁统治，中国共产党明确提出要“让一切不民主的制度死亡”。为了将边区政府的政治民主化向全国范围内推广，中国共产党于 1946 年 4 月召开边区第三届参议会，制定了《陕甘宁边区宪法原则》，提出了建设“模范自治省区”的口号。国共和谈破裂后，中国共产党开始了由“三三制”为特征的民主政府转向人民民主政府的转变。1948 年 4 月 30 日，中共中央发布五一口号，号召召开没有反动分子参加的新的政治协商会议，成立民主联合政府。各民主党派和无党派民主人士纷纷响应。1949 年 9 月，由中国共产党和其他民主党派参加的新“政治协商会议”在北平召开，会议通过了具有临时宪法性质的《中国人民政治协商会议共同纲领》，规定中华人民共和国是工人阶级领导的、以工农联盟为基础的、团结各民主阶级和国内各民族的人民民主专政的国家；国家的政权属于人民，人民行使国家政权的机关为各级人民代表大会和各级人民政府，从而最终在法律上确认了中国共产党关于建立人民共和国、走向人民民主、走向社会主义的政治主张。

中国共产党在新民主主义革命阶段，以追求人民民主为自己的历史职责，在民主理论和民主实践上进行了许多卓有成效的探索和斗争，最终领导中国人民战胜了帝国主义和封建主义，打败国民党专制独裁政府，推翻了一切不民主的旧制度，为中国人民最终实现人民民主奠定了坚实的基础。

## 三、新中国成立后中国共产党的民主探索与实践

1949 年 10 月，中华人民共和国的成立，使中国人民获得了空前

的民主与自由。“但人民享受的民主自由的实质，必须有一个民主的组织形式把它固定下来，否则民主生活是不巩固的。”① 因此，对于由革命党演变为执政党的中国共产党来说，最为急迫的任务就是要将数十年来的民主诉求以民主的制度体系表达出来。1954 年 9 月，第一届全国人民代表大会第一次全体会议召开。会议通过了《中华人民共和国宪法》，以根本大法的形式把人民民主和社会主义原则固定下来，肯定了人民民主专政的国体和民主共和的政体，特别是人民代表大会制度的政权组织形式和多党合作的政党政治，这是中国共产党把民主制度化、法律化、体系化的一个重要里程碑，在中国政治发展史乃至世界政治发展史上都具有划时代意义。从此，我国的社会主义民主政治建设就在中国共产党的领导下进入到一个全新的阶段。之后，在党的八大上，我们党对建国以来新中国民主政治建设的实践进行了全方位的总结，把正确处理人民内部矛盾作为国家政治生活的主题，明确提出要造成一个又有集中又有民主，又有纪律又有自由，又有统一意志又有个人心情舒畅、生动活泼的那样一种政治局面。

然而，我们也要看到，尽管中国共产党在其执政过程中，始终是全心全意地为人民的民主不懈努力，但是追求民主的道路从来都不是一帆风顺的，而是注定会充满曲折与艰辛。1957 年后，寻求民主的道路开始偏离原初的轨迹，特别是在“文化大革命”期间，以“大鸣、大放、大辩论、大字报”为特征的所谓“大民主”，出现了大量违背社会主义民主法制的事情，人民的民主权利在实际生活中没有得到充分的实现，无论是党内民主还是人民民主都遭到严重的破坏，党的领导遭到严重的削弱。正如党的十一届六中全会通过的《关于建国以来党的若干历史问题的决议》指出的：“逐步建设高度民主的社会主义政治制度，是社会主义革命的根本任务之一。建国以来没有重视这一任务，成了‘文化大革命’得以发生的一个重要

---

① 《董必武政治法律文集》，183 页，北京，法律出版社，1986。

条件，这是一个沉痛教训。”邓小平也强调：“我们也没有自觉地、系统地建立保障人民民主权利的各项制度，法制很不完备，也很不受重视，特权现象有时受到限制、批评和打击，有时又重新滋长。”①

党的十一届三中全会后，中国共产党认真总结新中国成立以来民主政治建设正反两个方面的经验教训，重新确定了发展社会主义民主的基本方针，同时采取各项措施努力扩大人民民主和党内民主，明确提出“没有民主就没有社会主义，就没有社会主义现代化”的科学论断，把发展民主政治提升到决定社会主义事业前途和命运的战略高度。以此为指导，党的十三大所提出的基本路线就规定：我们的目标是要把我国建设成富强、民主、文明的现代化国家，民主是三位一体总目标的重要组成部分。在如何实现民主的问题上，针对“文革”期间所出现的个人集权甚至破坏党和国家政治秩序的现象，邓小平明确强调，“为了保障人民民主，必须加强社会主义法制，使民主制度化、法律化，使这种制度和法律具有稳定性、连续性和极大的权威”。党的十五大报告，第一次明确把“依法治国、建设社会主义法治国家”作为国家政治生活的基本方略提出来，这就为坚持和发展社会主义民主政治建设提供最为有力的保障。党的十六大报告明确指出：“党内民主是党的生命”。党的十七大报告进一步强调：“人民民主是社会主义的生命”。党的十八大首次提出了“健全社会主义协商民主制度”，并明确提出了“培育和践行社会主义核心价值观”的主张，旗帜鲜明地把民主纳入到社会主义核心价值观范畴。

**经典论述**

人民民主是社会主义的生命。没有民主就没有社会主义，就没有社会主义的现代化，就没有中华民族伟大复兴。

——习近平：《在庆祝全国人民代表大会成立60周年大会上的讲话》

---

① 《邓小平文选》，2版，第2卷，332页，北京，人民出版社，1994。

在党的这些重要战略思想和决策的指导下，改革开放 30 多年来，社会主义民主政治建设在中国取得了重大的进展。我们党坚持正确的政治方向，以保证人民当家作主为根本，以调动党和国家活力、调动人民积极性为目标，积极稳妥推进政治体制改革，不断扩大社会主义民主，发展社会主义政治文明；坚持中国特色社会主义政治发展道路，坚持党的领导、人民当家作主、依法治国有机统一，坚持和完善人民代表大会制度、中国共产党领导的多党合作和政治协商制度、民族区域自治制度以及基层群众自治制度，不断推进社会主义民主政治制度自我完善和发展；坚持党总揽全局、协调各方的领导核心作用，提高党科学执政、民主执政、依法执政水平，保证党领导人民有效治理国家；坚持国家一切权力属于人民，从各个层次、各个领域扩大公民有序政治参与，最广泛地动员和组织人民依法管理国家事务和社会事务、管理经济和文化事业；更加注重健全民主制度、丰富民主形式，保证人民依法实行民主选举、民主决策、民主管理、民主监督；坚持依法治国基本方略，树立社会主义法治理念，实现国家各项工作法治化，保障公民合法权益；坚持社会主义政治制度的特点和优势，推进社会主义民主政治制度化、规范化、程序化，为党和国家长治久安提供政治和法律制度保障。

总之，90 多年来，中国人民在中国共产党的领导下，始终高扬民主光辉旗帜，把发展现代民主作为社会主义核心价值追求，成功开辟和坚持了中国特色社会主义政治发展道路。这些事实充分证明，中国社会主义民主政治具有强大生命力，中国特色社会主义政治发展道路是符合中国国情、保证人民当家作主的正确道路。

# 第三章

# 民主的中国式表达

观念的历史，是在观念的连续和间断的交织中展开的。任何一个观念，哪怕是最具有持续性的观念，也都会在不同的时代形成不同的原则，呈现出不同的性质和意义。改革开放 30 多年来，中国人民在中国共产党的领导下，始终坚持以马克思主义民主理论与中国实际相结合的基本原则为指导，坚持从国情出发、从实际出发，既把握长期形成的民主传承，把握走过的发展道路、积累的民主经验、形成的民主原则，又吸收了中国传统文化和制度文明中的民主性因素，同时借鉴了人类政治文明包括西方民主的有益成果，在自己民主实践的基础上建立了自己的民主理论和话语系统，不仅赋予了民主以更加多样、更加丰富的新内涵，而且在实现民主化的道路和方式上区别和超越了西方民主制度，形成了独具中国特色的“中国式民主”的表达方式和话语逻辑。

## 一、民主的社会主义之维：中国式民主的前提和基础

作为一种几乎与人类社会一样古老的政治理念和政治实践，在西方资产阶级革命后，“民主”逐次演变成了一个以西方政治制度为范式的描述性概念，以致有许多学者会产生资本主义制度与民主联姻的幻想，沉醉到“没有资本主义就没有民主”的想象与迷误中。他们往往将资本主义社会所倡导的自由民主作为现代民主的唯一形式，并以此来衡量中国共产党和中国人民所选择的社会主义民主制度，进而从根本上否认中国式民主制度的现代民主性质。

19 世纪以来，随着社会主义运动的兴起，民主开始打破了与资本主义的联姻，开始成为无产阶级反对资产阶级统治，争取人类获得解放的一面旗帜。在为共产主义者同盟起草的《共产党宣言》中，马克思恩格斯明确地指出：“工人革命的第一步就是无产阶级变成为

统治阶级，争得民主。”在他们看来，资产阶级所倡导的实现普选权的代议制民主制度并不是一种真正的民主，而是一种在政治民主形式掩盖下的资产阶级的统治。这是因为：在资本主义私有制的条件下，公民在选举权和被选举权方面会受到财产资格的限制。相比以往没有推行民主的社会制度，资本主义的政治民主制仅仅是用财产的不平等取代了由身份、社会等级等因素所造成的不平等。对于广大的人民来说，他们在这里仅仅是获得了政治的解放，而远未获得自身的解放。

马克思恩格斯对资本主义代议制民主本质的揭示与批判推动了现实中的社会主义运动和民主实践，真正的民主被理解为是社会主义固有的东西。恩格斯就明确提出：在所有的文明国家，民主主义的必然结果都是无产阶级的政治统治，而无产阶级的政治统治又是实行一切共产主义措施的前提。因此在民主主义还未实现以前，共产主义者就要和民主主义者并肩战斗，民主主义者的利益也就是共产主义者的利益。这实质上就充分肯定了民主与共产主义不可或缺的关系。由于在马克思恩格斯那里，共产主义与社会主义可以看作是同义词，因此，说“民主就是共产主义”也就是说“民主就是社会主义”。无产阶级政党要领导无产阶级反对资产阶级，最终使整个人类获得解放，就要“把‘民主’一词写在自己的旗帜上”①。

作为马克思主义政党，中国共产党始终强调，民主和社会主义之间存在不可分割的关联，要实现真正的民主，就必须坚持民主的社会主义维度，把“争得民主”与走中国特色社会主义道路结合起来，坚定不移发展社会主义民主政治。改革开放以来，我们党始终坚持社会主义体制前提下发展民主政治，坚持“社会主义民主”一词的排他性内涵，强调中国共产党以及中国人民所致力于建构的民

① 《马克思恩格斯全集》，中文1版，第2卷，664页，北京，人民出版社，1957。

主是具有中国特色的社会主义民主，而不是一般形态的民主，更不能是资本主义国家中的任何一种形式的民主。邓小平同志就曾指出："我们需要的是社会主义民主，不能搬用西方民主那一套。"胡锦涛同志在党的十七大报告中也明确强调："人民民主是社会主义的生命。""发展社会主义民主政治是我们党始终不渝的奋斗目标。"党的十八大后，习近平同志更是一再强调，要坚持走中国特色社会主义民主政治的发展道路。在这里，"社会主义"这个限定语的含义就标明了它不等于资本主义等其他体制的民主。

中国特色社会主义民主是建立在生产资料公有制为主体的经济基础之上的，这就决定了中国的民主不受资本的操纵，不是少数人的民主，而是最广大人民的民主。作为根源于、服务于公有制经济基础的上层建筑，中国特色社会主义民主必然是以实现人民当家作主为奋斗目标和价值追求，工人阶级和广大劳动人民在共产党领导下掌握国家政权并享有最广泛、最真实的民主权利，因此，这种民主是真正的人民主权意义上的民主，它和资本主义的议会制民主存在着内在的深刻的差异。尽管在现阶段，我们所要建构的社会主义民主还尚未完全展现出民主的全部面貌，但我们坚信，社会主义民主的追求决不是乌托邦的空想。社会主义越发展，民主也越发展。在发展中国特色社会主义的历史进程中，中国共产党人和中国人民一定能够不断发展具有强大生命力的社会主义民主政治。

## 二、三者统一：中国式民主的核心内容和本质特征

坚持党的领导、人民当家作主和依法治国三者的有机统一，这是党的十五大所提出的重要命题。这一命题在党的十六大、十七大、十八大、十八届三中全会、十八届四中全会等重要会议以及有关重

要文件中都得到了重申和强调，是对中国特色社会主义民主政治建设的根本要求，是中国式民主政治的本质特征。党的领导、人民当家作主、依法治国三者之所以能够有机统一，是因为：党的领导是人民当家作主和依法治国的根本保证，人民当家作主是社会主义民主政治的本质要求，依法治国是党领导人民治理国家的基本方略。坚持党的领导、人民当家作主、依法治国有机统一，是中国特色社会主义民主的基本要求，是划清中国特色社会主义民主同西方资本主义民主界限的重要标志。三者的有机统一构成了社会主义民主政治的理论依据和实践路径，为发展社会主义民主政治指明了方向。

### （一）党的领导是人民当家作主和依法治国的根本保证

首先，党的领导是实现人们当家作主的根本保证。中国共产党区别于中国其他任何政党的一个显著标志，就是和最广大的人民群众取得最密切的联系。全心全意地为人民服务，一刻也不脱离群众：一切从人民的利益出发，而不是从个人或小集团的利益出发。就此而言，党的领导与人民当家作主在本质上是相通的，党的领导就是要代表中国最广大人民的根本利益，组织和支持人民依照宪法和法律管理国家事务和社会事务、管理经济和文化事业，实现当家作主。中国共产党自成立之日起，就以争取和实现人民当家作主为己任，并为此进行了长期不懈的努力。在中国共产党的领导下，经过28年的人民民主革命，实现了国家独立和民族解放，建立了人民民主专政的国家政权，为人民民主的实现提供了政治前提；通过社会主义改造，建立了社会主义基本制度，为人民民主的实现奠定了制度基础。改革开放30多年来，我们总结发展社会主义民主正反两方面经验，强调坚持国家一切权力属于人民，要以保证人民当家作主为根本，以增强党和国家活力、调动人民积极性为目标；要适应扩大人民民主、促进经济社会发展的新要求，积极稳妥推进政治体制改革，发展更加广泛、更加充分、更加健全的人民民主。历史反复证明，党的领导是实现人民民主的根本保证。在中国这样一个大国，没有共产党的领导，就不可能维护最广大人民的根本利益，真正实现人民当家作主。

其次，党的领导是依法治国的根本保证。把党的领导贯彻到依法治国全过程和各方面，是我国社会主义法治建设的一条基本经验。坚持党的领导，是社会主义法治的根本要求，是党和国家的根本所在、命脉所在，是全面推进依法治国的题中应有之义。现实生活中存在着一种观点认为，依法治国就要摆脱政党的领导，“法律高于一切”、“法学家高于一切”，有共产党的领导就不是依法治国。这是对依法治国精髓的曲解和误解。依法治国的实质是什么？是党领导人民依法治国，离开了党，离开了人民，依法治国这一命题本身就不成立。只有在党的领导下依法治国、厉行法治，人民当家作主才能充分实现，国家和社会生活法治化才能有序推进。没有党的领导，就没有人民民主，就没有社会主义现代化，就不可能建成社会主义法治国家。

## （二）人民当家作主是社会主义民主政治的本质要求

首先，人民当家作主是党的领导的目的和归宿。人民性是中国特色社会主义政治发展道路的显著特征，是中国特色社会主义民主政治优越性的根本体现。正如马克思所指出的：“国家制度本身就是一个规定，即人民的自我规定……在民主制中则是人民的国家制度。”① 在我国，无论是法律上还是政治上，人民都是国家的最高权力主体。《宪法》总纲第一条就规定：“中华人民共和国是工人阶级领导的、以工农联盟为基础的人民民主专政的社会主义国家。”这一规定就阐明了包括社会各个阶层在内的中国最广大人民是国家的主人。人民群众是党的执政基础，中国共产党来自人民，服务于人民，

---

① 《马克思恩格斯全集》，中文1版，第1卷，281页，北京，人民出版社，1956。

唯一宗旨就是全心全意为人民服务。因此，党对国家生活的领导，最本质的内容就是组织和支持人民当家作主，最广泛地动员和组织人民群众依法管理国家和社会事务，管理经济和文化事业，维护和实现人民群众的根本利益。

其次，人民是依法治国的主体和力量源泉。党的十八大报告指出："中国特色社会主义是亿万人民自己的事业。"同中国共产党在依法治国进程中的领导地位一样，坚持人民的主体地位也是全面推进依法治国的题中应有之义。我们党在依法治理国家的实践中，始终将"人民拥护不拥护"、"人民赞成不赞成"、"人民高兴不高兴"、"人民答应不答应"作为制定各项法律法规的出发点和归宿，恪守以民为本、立法为民的理念，使我们的法律法规符合宪法精神，反映人民的意志，得到人民的拥护，保证人民人身权、财产权、基本政治权力不受侵犯，同时保证人民能够在党的领导下，依照法律规定，通过各种形式管理国家事务，管理经济文化事业，管理社会事务。

**经典论述**

> 我们要坚持国家一切权力属于人民的宪法理念，最广泛地动员和组织人民依照宪法和法律规定，通过各级人民代表大会行使国家权力，通过各种途径和形式管理国家和社会事务、管理经济和文化事业，共同建设，共同享有，共同发展，成为国家、社会和自己命运的主人。
>
> ——习近平：《在首都各界纪念现行宪法公布施行 30 周年大会上的讲话》

## （三）依法治国是党领导人民治理国家的基本方略

首先，党对国家政治生活的领导必须在宪法和法律的范围内活动。在新时期，依法执政是党治国治党的基本方式。依法执政，既要求党依据宪法和法律治国理政，又要求党依据党内法规管党治党。

一方面，党要善于通过法定程序使党的主张成为国家意志、形成法律，通过法律保障党的政策有效实施。党领导人民制定宪法和法律，党也领导人民执行宪法和法律。作为执政党的中国共产党，各级党组织和全体党员尤其是党员领导干部，必须受到党章党规党纪的刚性约束，必须模范遵守国家法律法规。作为中国工人阶级的先锋队和中国人民及中华民族的先锋队，共产党员和干部也应该成为遵法守法的先锋队。党自身必须在宪法和法律范围内活动，决不允许任何组织或者个人有超越法律的特权。另一方面，党内法规体系是中国特色社会主义法治体系的重要组成部分。党要运用党内法规把党要管党、从严治党落到实处，使党员干部带头遵守国家法律法规，引导全社会守法崇法、树立法治信仰，确保党发挥总揽全局、协调各方的领导核心作用。改革开放新时期，我们党一贯强调要科学执政、民主执政、依法执政。依法执政，就是党要坚持依法治国，领导立法，带头守法，保证执法，不断推进国家经济、政治、文化、社会生活的法制化、规范化，以法治的理念、法治的体制、法治的程序保证党领导人民有效治理国家。

**经典论述**

新形势下，我们党要履行好执政兴国的重大职责，必须依据党章从严治党、依据宪法治国理政。党领导人民制定宪法和法律，党领导人民执行宪法和法律，党自身必须在宪法和法律范围内活动，真正做到党领导立法、保证执法、带头守法。

——习近平：《在首都各界纪念现行宪法公布施行 30 周年大会上的讲话》

其次，依法治国也是人民当家作主的有力保障。邓小平曾深刻指出：为了保障人民民主，必须加强法制。必须使民主制度化、法律化，使这种制度和法律不因领导人的改变而改变，不因领导人的看法和注意力的改变而改变。改革开放 30 多年来，在党的领导下推进依法治国，我们先后制定出有利于人民利益实现的各项法律法规，形成了中国特色社会主义法律体系。中国特色社会主义法律体系的形成，把国家各项事业发展纳入法制化轨道，从制度上、法律上解决了国家发展中带有根本性、全局性、稳定性和长期性的问题，有力保障了人民当家作主，保证人民依法实行民主选举、民主决策、民主管理、民主监督，保证人民依法享有广泛权利和自由，为社会主义民主政治的深入发展确定了明确的价值取向和发展方向，为人民利益的实现奠定了坚实的法制基础。

## 三、四项制度：中国式民主的根本形式和制度框架

以什么样的思路来谋划和推进中国社会主义民主政治建设，在国家政治生活中具有管根本、管全局、管长远的作用。作为一种比以往任何社会所采取的民主都要真实的民主形态，中国特色社会主义民主政治的实现程度要依赖于在中国共产党领导下的中国人民所选择和采取的民主形式和制度框架，也即人民代表大会制度、中国共产党领导的多党合作和政治协商制度、民族区域自治制度以及人民群众直接行使民主权利的基层自治制度。这种民主形式坚持从国情出发，注重历史和现实、理论和实践、形式和内容有机统一，在国家历史传承、文化传统、经济社会发展的基础上长期发展、渐进改进、内生性演化，形成了独具特色的中国民主模式的基本制度框架。

### （一）人民代表大会制度

1954 年 9 月，第一届全国人民代表大会第一次会议通过的《中华人民共和国宪法》明确规定：“中华人民共和国的一切权力属于人

民。人民行使权力的机关是全国人民代表大会和地方各级人民代表大会。”由此在中国这样一个有五千多年文明史、几亿人口的国家建立起了人民当家作主的新型政治制度——人民代表大会制度。在中国实行人民代表大会制度，是中国人民在人类政治制度史上的伟大创造，是中国人民翻身作主、掌握自己命运的必然选择。

人民代表大会制度是我国实现人民当家作主、参与管理国家事务和社会事务的根本政治制度。主要表现在：首先，全国人民代表大会和地方各级人民代表大会作为行使权力的国家机关，由人民通过广泛的、平等的民主选举产生，人民有权监督、罢免所选举的代表。其次，各级人民代表大会及其常务委员会受人民委托，代表人民统一行使国家权力，坚持以民主集中制为根本组织原则和活动方式，选举和产生国家行政机关、检察机关和审判机关，选举和决定国家工作人员，对其进行监督，从而在政治上和组织上保证人民当家作主。最后，各级人大的工作，要向人民负责，受人民的监督。通过这种不同形式的监督，实现人民当家作主，人民群众的根本利益也得到可靠的保障。

胡锦涛同志指出：人民代表大会制度是中国人民当家作主的重要途径和最高实现形式，是中国社会主义政治文明的重要制度载体。60 多年来特别是改革开放 30 多年来，人民代表大会制度不断得到巩固和发展，展现出蓬勃的生机和活力，既能充分反映人民意愿，保证人民当家作主，又有利于形成全体人民的统一意志，动员全体人民以主人翁的身份投身到中国特色社会主义事业中。60 多年的实践充分证明，人民代表大会制度是符合中国国情和实际、体现社会主义国家性质、保证人民当家作主、保障实现中华民族伟大复兴的好制度。

人民代表大会制度是中国特色社会主义制度的重要组成部分，也是支撑中国国家治理体系和治理能力的根本政治制度。新形势下，我们要毫不动摇坚持人民代表大会制度，也要与时俱进完善人民代表大会制度，不断推进人民代表大会制度理论和实践创新，发挥人民代表大会制度的根本政治制度作用。首先，要加强和改进立法工作，完善中国特色社会主义法律体系，健全立法起草、论证、协调、审议机制；要抓住提高立法质量这个关键，深入推进科学立法、民主立法，完善立法体制和程序，努力使每一项立法都符合宪法精神、反映人民意愿、得到人民拥护。其次，要加强和改进法律实施工作。法律的生命力在于实施，法律的权威也在于实施。各级国家行政机关、审判机关、检察机关是法律实施的重要主体，必须担负法律实施的法定职责，坚决纠正有法不依、执法不严、违法不究现象，坚决整治以权谋私、以权压法、徇私枉法问题，严禁侵犯群众合法权益。再次，要加强和改进监督工作。各级人大及其常委会要担负起宪法法律赋予的监督职责，维护国家法制统一、尊严、权威，加强对“一府两院”执法、司法工作的监督，确保法律法规得到有效实施，确保行政权、审判权、检察权得到正确行使。最后，要加强人民代表同人民群众的联系。各级国家机关及其工作人员一定要为人民用权、为人民履职、为人民服务，把加强同人大代表和人民群众的联系作为对人民负责、受人民监督的重要内容，虚心听取人大代表、人民群众的意见和建议，积极回应社会关切，自觉接受人民监督，认真改正工作中的缺点和错误。最后，要完善人大工作机制，通过座谈、听证、评估、公布法律草案等扩大公民有序参与立法的途径，通过询问、质询、特定问题调查、备案审查等积极回应社会关切。

### （二）中国共产党领导的多党合作和政治协商制度

中国共产党领导的多党合作和政治协商制度是中国共产党与各民主党派在中国革命、建设和改革的长期实践中发展起来的，是中国共产党和各民主党派长期探索和奋斗的成果，是中国特色社会主义的基本政治制度。1949 年 9 月 21 日至 30 日，中国人民政治协商会议第一届全体会议召开，会议通过了具有临时宪法性质的《中国人民政治协商会议共同纲领》，这标志着中国共产党领导的多党合作和政治协商制度正式确立。

不同于苏联等国家实行的一党制，也不同于欧美资本主义国家实行的两党制或多党制，共产党领导的多党合作和政治协商制度，既保持了共产党的领导，又肯定了民主党派的参政地位，是社会主义民主政治在政党关系上的体现，其核心精神就体现为民主协商和民主监督。

首先，民主协商是指在国家发展的大政方针上各党派可以采取不同的方式进行各方面的讨论协商，并根据各方面的意见和建议来决定和调整我们的决策和工作。在中国共产党统一领导下，通过民主协商的方式，既尊重了多数人的意愿，又照顾到少数人的合理要求与建议，广纳群言、广集民智，增进共识、增强合力，使得各党派能够充分发挥自身的优势参与到社会主义现代化的建设中。正所谓“以天下之目视，则无不见也；以天下之耳听，则无不闻也；以天下之心虑，则无不知也”。

其次，民主监督主要表现为两个方面：一是各民主党派在参与国家大政方针和社会生活重大问题的协商与讨论的过程中，可以根据各自的特点向共产党和人民政府提出建议、意见和批评；二是共产党也可以对各民主党派在政治、组织和思想诸方面进行监督和提出异议。在中国共产党领导的多党合作和政治协商制度中，共产党的领导是政治领导，即政治原则、政治方向以及重大方针政策的领导。各民主党派在接受共产党执政地位的前提下，它们与共产党在政治上是平等的，组织上是独立的，行动上是自主的，并且相互之间还监督着对方，通过这种坦诚布公的民主监督，可以广泛达成决策和工作的最大共识，有效克服党派和利益集团为自己的利益相互竞争甚至相互倾轧的弊端。

“大厦之成，非一木之材也；大海之阔，非一流之归也。”坚持和完善中国共产党领导的多党合作和政治协商制度，我们必须要努力完善工作机制，搭建更多平台，为民主党派和无党派人士在政协更好发挥作用创造条件。中共中央根据年度工作重点提出规划，采取协商会、谈心会、座谈会等进行协商；要完善民主党派中央直接向中共中央提出建议制度；贯彻党的民族政策，保障少数民族合法权益，巩固和发展平等团结互助和谐的社会主义民族关系。此外，还要发挥人民政协作为协商民主重要渠道的作用，重点推进政治协商，民主监督，参政议政制度化、规范化、程序化；各级党委和政府、政协制定并组织实施协商年度工作计划，就一些重要决策听取政协意见；完善人民政协制度体系，规范协商内容、协商程序。拓展协商民主形式，更加活跃有序地组织专题协商、对口协商、界别协商、提案办理协商，增加协商密度，提高协商成效。在政协健全委员联络机构，完善委员联络制度。

总之，以民主协商和民主监督为核心精神的共产党领导的多党合作和政治协商制度是我国政治制度的一个特点和优点。它既综合了一党制和多党制各自的一些长处，又摒弃了一党制和多党制各自的弊端，既能实现集中统一领导，又能实现广泛的政治参与，既能避免一党专制、缺乏监督所导致的弊病，又能避免多党竞争、互相倾轧所造成的混乱，具有巨大的政治优势，不能动摇。

### （三）民族区域自治制度

民族区域自治制度是中国特色社会主义民主政治发展道路的特色和优势。习近平同志指出：“一个国家选择什么样的治理体系，是由这个国家的历史传承、文化传统、经济社会发展水平决定的。”民族区域自治制度是根据我国的历史发展、文化演进、民族关系以及民族区域分布等具体情况所做出的制度安排，既尊重历史，又合乎国情，顺乎民心，不仅符合全国各族人民的根本利益，是实现人民当家作主的有效形式，而且是中国特色社会主义民主政治的重要体现。

1947年，我国建立了第一个省级民族自治地方——内蒙古自治区。1949年9月的《共同纲领》明确规定："各少数民族聚居的地区，应实行民族的区域自治，按照民族聚居的人口多少和区域大小，分别建立各种民族自治机关。"[①] 这标志着民族区域自治制度作为我国的基本政治制度确立下来了。1984年，《中华人民共和国民族区域自治法》颁布实施，从而实现了民族区域自治政策、制度、法律三位一体的构建。60多年来，民族区域自治作为我们党和国家解决民族问题的基本主张，在实践中发展，在发展中完善，成为中国特色社会主义政治文明的一大特色。

实行民族区域自治制度，在国家统一领导下，在少数民族聚居区，建立相应的自治地方，设立自治机关，行使自治权，使少数民族的人民能够自主地管理本民族的内部事务，体现了民主的自治精神。另一方面，民族自治决不等同于任何形式的民族自决。民族区域自治地方的政权同国内其他地区一样，是在中央统一领导下的一级地方政权。民族区域自治制度的这两个方面的特点，既反对民族分裂、宗教极端、暴力恐怖等各种分裂国家的行径，又能有效地保障少数民族人民当家作主的权力，从根本上保证了统一和自治相结合、民族因素和区域因素相结合。当前，为应对国际国内形势的新变化新挑战，必须进一步坚持和完善民族区域自治制度，坚持统一和自治相结合、民族因素和区域因素相结合，把宪法和民族区域自治法的规定落实好，巩固平等团结互助和谐的社会主义民族关系，促进各民族和睦相处、和衷共济、和谐发展，切实防止出现民族隔阂、民族冲突的现象。

### （四）基层群众自治制度

基层是社会的细胞。在我国，基层群众自治组织是相对于全国

① 《中华人民共和国开国文选》，286页，北京，中央文献出版社，1999。

性政党的整个体系而言，是以全国体系或中央的视角而划分出来的社会层级，主要包括农村的村民委员会和城市居委会。基层民主自治制度就是指人民依法直接行使民主权利，管理基层公共事务和公益事业，实行自我管理、自我服务、自我教育、自我监督，对干部实行民主监督的民主形式。基层民主自治制度是在中国共产党推动和发展基层民主的实践过程中逐步形成的。1981 年，《关于建国以来党的若干历史问题的决议》，要“在基层政权和基层社会生活中逐步实现人民的直接民主，特别要着重努力发展各城乡企业中劳动群众对于企业事务的民主管理”。1982 年底，新颁布的宪法第一次将城市的居民委员会和农村的村民委员会作为基层群众自治组织写入宪法。1987 年，党的十三大报告从完善国家制度的角度提出，要完善基层民主生活的制度化，大大提升了基层民主在中国民主政治中的地位。1992 年，党的十四大报告第一次凝练出“基层民主”这四个字，并划定了中国基层民主的三大组成部分即职代会、居委会和村委会。党的十七大将“基层群众自治制度”首次写入党代会报告，正式与人民代表大会制度、中国共产党领导的多党合作和政治协商制度、民族区域自治制度一起，纳入了中国特色民主政治制度的范畴。

基层民主历来是民主政治的发源地和实验田。目前，我国已经建立了以农村村民委员会、城市居民委员会和企业职工代表大会为主要内容的基层民主自治体系。广大人民在城乡基层群众性自治组织中，依法直接行使民主选举、民主决策、民主管理和民主监督的权利，对所在基层组织的公共事务和公益事业实行民主自治，已经成为当代中国最直接、最广泛的民主实践，是发展整个社会主义民主的基础性工程。

新时期，要切实保障人民依法直接行使民主权利，切实防止出现人民形式上有权、实际上无权的现象，我们就必须坚持和完善基层群众自治制度，畅通民主渠道，健全基层选举、议事、公开、述职、问责等机制；开展形式多样的基层民主协商，推进基层协商制度化，建立健全居民、村民监督机制，促进群众在城乡社区治理、基层公共事务和公益事业中依法自我管理、自我服务、自我教育、自我监督。健全以职工代表大会为基本形式的企事业单位民主管理制度，加强社会组织民主机制建设，保障职工参与管理和监督的民主权利。

**经典论述**

我们要坚持和完善基层群众自治制度，发展基层民主，保障人民依法直接行使民主权利，切实防止出现人民形式上有权、实际上无权的现象。

——习近平：《在庆祝全国人民代表大会成立60周年大会上的讲话》

# 第四章

# 中国式民主的价值

每个时代都有每个时代的精神，每个时代都有每个时代的价值观念。作为一种超越资本主义民主的新型民主形态，中国特色社会主义民主政治不仅仅表征着类概念的国家制度，同时也表征着一种最终的理想和终极的价值。值得注意的是，在理想厚重的外壳中，民主还隐藏着各种各样的价值取向。在新时期，我们之所以高扬民主旗帜，将民主理解为社会主义的生命，就在于民主的价值旨归，也即在于我们的民主能够在自由、平等、公正、法治等方面发挥作用并具有优良表现。一个真正民主的社会，一定是能够为我们持守着自由、看护着平等、秉持着公正、坚守着法治的社会。也只有这样的民主社会，才对我们有着永恒的吸引力，成为一代代中国人心中最为理想的政治状态。

**经典论述**

评价一个国家政治制度是不是民主的、有效的，主要看国家领导层能否依法有序更替，全体人民能否依法管理国家事务和社会事务、管理经济和文化事业，人民群众能否畅通表达利益要求，社会各方面能否有效参与国家政治生活，国家决策能否实现科学化、民主化，各方面人才能否通过公平竞争进入国家领导和管理体系，执政党能否依照宪法法律规定实现对国家事务的领导，权力运用能否得到有效制约和监督。

——习近平：《在庆祝全国人民代表大会成立 60 周年大会上的讲话》

# 一、持守自由

尽管作为一种理想性的价值追求，自由的真正内涵从未曾获得过人们一致的意见，但这并不妨碍我们对自由达成基本的共识。一般来说，自由可以从两个方面来理解：一个是指“免于……的自由”或者消极的自由，也即指不存在外部的约束力或者强迫行动的力量；另一个则是指“可以做……的自由”或者积极的自由，也即指行为主体在行动时拥有能够自主选择自己目标和行为方式的能力或力量。这两种意义上的自由有着相关性，不受约束即意味着寻求自主性，寻求自主性也要求我们摆脱各种对自己的现实性约束力。在此意义上，自由的本质就在于有行动能力的行为者对约束力的清除以及对自主性的寻求。

在人类的政治实践中，民主制“作为类概念的国家制度”，与其他形式的国家制度——君主制、贵族制、寡头制乃至极权主义、威权主义的本质区别就在于对自由的关切与追求。民主的历史来源于对自由的追求。但是，我们也要注意到，尽管民主与自由总是肩并肩、手拉手，但这并不意味着所有为自由而战的民主政治实践，最终都能达到坚守自由的目的。只有社会主义民主的追求，才真正与自由的追求有着本质上的内在一致性。

在古希腊的民主政治中，我们能看到人类追求自由的最初身影。亚里士多德在《政治学》中就指出：“平民主义政体的精神为‘自由’。通常都说每一平民政体莫不以自由为其宗旨（目的）。”“自由的要领之一［体现于政治生活］为人人轮番当统治者和被统治者。……在平民政体中，穷人既属多数而多数决定一切，这样穷人就具有较高于富室的权力。这就是自由的第一要领，所有的平民主义者一致以此作为他们的政体的宗旨。”① 希腊民主政体的核心旨趣就在于争得自由，这种自由表现为一种统治他人的权利，是一种整体意义上的城邦自由。个人只有在城邦中才能实现自己，显然，这里的自由并不包括现代意义上的个体自由。但是，正如马克思所指出：“不是国家制度创造人民，而是人

① ［古希腊］亚里士多德：《政治学》，311、312页，北京，商务印书馆，1997。

民创造国家制度。”如果一种民主制度并不以个体的自主性为前提，甚至是要剥夺个体的自主性，那它实质上就是背离了真正的自由。

### 名人隽语

我经常听人说到古代城邦的自由，但是我看到，雅典公民并不是自己财产的主人，当他拈阄时被指定要造一艘船，或建立一支歌剧队时，他必须毫无保留地贡献自己的财富；他不是自己身体的主人，因为三十三年间他必须服役于国家；他不是自己言语和情感的主人，因为任何人都可以随时审判他是不是合格的公民；……人们如果经常说起这个自由，究竟在哪里？

——［法］贡斯当：《古代人的自由和现代人的自由》，上海，上海世纪出版集团，2005

到了17、18世纪，以洛克、孟德斯鸠等为代表的资产阶级启蒙思想家开始从“个体的自由权利”的意义上去理解自由，力图将公民的人身、财产等权利与共同体区隔开来，并以此为基础建立了资本主义民主政治体制。资本主义民主制度的确立，使共同体中的公民个体摆脱了人对人的人身依附关系，获得了政治解放。但是，我们并不能由此可以在自由与资本主义民主之间画上等号。真正的民主制是人的社会特质的存在和活动方式，是人的本质的实现方式，因此，它所关注的就不只是形式上的、抽象的自由观念，而是实质上的、真正的自由。这就意味着，人类真正自由的实现有赖于一定的物质条件。资本主义社会，物质资料的私人占有制的存在，就使得它所倡导的个人的自由只是对那些在统治阶级范围内发展的个人才是存在的，而对于无产阶级和广大民众来说，这种“所谓自由，是摆脱了奴隶地位的自由，但也是除了他自己的劳动力以外一无所有的自由”。在整个社会范围内，资本主义民主制度并不能维护和实现理想状态的真正的自由。

## 经典论述

资产阶级民主同中世纪制度比较起来，在历史上是一大进步，但它始终是而且在资本主义制度下不能不是狭隘的、残缺不全的、虚伪的、骗人的民主，对富人是天堂，对被剥削者、对穷人是陷阱和骗局。

——《列宁选集》，3 版，第 3 卷，601 页，北京，人民出版社，1995

实现人的自由和全面发展，是马克思主义的最高价值追求。早在 1894 年，意大利社会党人卡内帕就请求恩格斯用一段话表述“未来社会主义新纪元”基本思想，对此，恩格斯这样给予回复：“除了从《共产党宣言》……中摘出下列一段话外，我再也找不出合适的了：‘代替那存在着阶级和阶级对立的资产阶级旧社会的，将是这样一个联合体，在那里，每个人的自由发展是一切人的自由发展的条件。’”[①] 马克思恩格斯所说的共产主义社会，按其政治性质，是“民主制的人类世界”，在这一世界中，私有制被彻底扬弃，消灭了一切形式的奴役，因此，这种民主制的世界实质就等同于与共产主义同义的自由人的联合体。

以马克思主义民主政治理论为指导，中国共产党一直致力于通过建立真正的民主制来追寻和实现人民的自由。新中国的成立，彻底推翻了帝国主义、封建主义、官僚资本主义三座大山的统治和压迫，中国人民第一次真正成为国家的主人，建立起了人民当家作主的人民代表大会制度、中国共产党领导的多党合作和政治协商制度、民族区域自治制度和基层群众自治制度等基本政治制度。这些制度的确立，是对资本主义制度条件下所普遍存在的奴役、剥削等不自

① 《马克思恩格斯全集》，中文 1 版，第 39 卷，189 页，北京，人民出版社，1974。

由现象的反抗，使生产资料摆脱了它们迄今具有的资本属性，同时也为真正的自由的实现准备好了制度条件。改革开放以来，我们党坚持中国特色社会主义民主政治发展道路，坚持党的领导、人民当家作主、依法治国的有机统一，积极稳妥地推进政治体制改革，使社会主义民主政治焕发出更加旺盛的生命力。虽然我们也要认识到，社会主义仅仅是共产主义的初级阶段，基于中国现有的生产力水平和发展实际，我们的社会主义民主政治建设还有很长的路要走，但是，对自由的持守，让自由和民主和谐相处而不至于彼此伤害，始终是中国特色社会主义民主政治建设的首要美德和核心旨归。

**经典论述**

> 我们的目的是要建立社会主义制度，这种制度将给所有的人提供健康而有益的工作，给所有的人提供充裕的物质生活和闲暇时间，给所有的人提供真正的充分的自由。
>
> ——《马克思恩格斯全集》，中文1版，第21卷，570页，北京，人民出版社，1965

## 二、看护平等

作为一种“至上的美德”，平等表现为一种实质的社会和政治理想。由于对平等的寻求总是伴随着对各种不平等现象的斗争和克服、对具体的特权和不公正权力的反抗而出现，因此，平等就常常与民主革命联系在一起，突出表现为一种民主特有的价值。在很大程度上，鼓动民主时代的人民前进所需要的激情与理性，就是起始于对平等的热爱。很大程度上，民主一词被看作是社会各个方面具有平等趋向的同义语。

**名人隽语**

民主国家的人民天生就爱好自由，你不用去管他们，他们自己就会去寻找自由，喜爱自由，一失去自由就会感到痛苦。但是，他们追求平等的激情更为热烈……他们希望在自由之中享受平等，在不能如此的时候，也愿意在奴役之中享用平等。

——托克维尔：《论美国的民主》

在西方，自启蒙运动以来，由民主而推动的平等，主要表现为一种“身份的平等”。身份的平等并非指要消除每个人基于其“自然”而存在的权力、财富、地位以及生存机会等方面的差异，而是指每个人权利的平等，也即人人平等地享有与生俱来的追求生命、自由和财产的权利。随着工业革命的来临，身份平等成了现代人的不懈追求，现代民主则因这种追求而生根发芽、茁壮成长。正是出于对封建制度不平等的反对，资产阶级启蒙思想家高扬人的理性，发动资产阶级民主革命，以“天赋人权”为旗帜，向王权、神权、特权宣战，在理念上促进了公民身份的平等，也即拥有平等的权利和政治地位。

**经典论述**

一切人，作为人来说，都有某些共同点，在这些共同点所及的范围内，他们是平等的，这样的观念自然是非常古老的。但是现代的平等要求与此完全不同；这种平等要求更应当是从人的这种共同特性中，从人就他们是人而言的这种平等中引伸出这样的要求：一切人，或至少是一个国家的一切公民，或一个社会的一切成员，都应当有平等的政治地位和社会地位。

——《马克思恩格斯选集》，2版，第3卷，444页，北京，人民出版社，1995

资产阶级的民主革命实现了政治的解放，使人类在平等的理想追求中迈出了关键的一步，但是，这里的平等只不过是停留在形式和原则上，仅仅是在理想王国中的宣告实现，而远非现实的、真实的平等。1776年的美国《独立宣言》开篇就宣称："我们认为这一真理是不言而喻的：人人生而平等，造物主赋予他们若干不可剥夺的权利。"但在起草宣言的白人绅士们的笔端下，这里的人并不包括黑人和妇女。直到1920年，美国妇女才有选举权，1965年，美国黑人才有投票资格。即便是今天，种族歧视、同性婚姻、堕胎等仍是西方国家政治生活中的重大议题，这本身就说明身份不平等在这些国家仍有着肥沃的土壤。

### 延伸阅读

**白人警察枪杀黑人不予起诉 抗议浪潮席卷全美**

2014年8月9日，18岁黑人青年迈克尔·布朗在密苏里州弗格森镇外一间便利店门前，被白人警察达伦·威尔逊枪杀，许多证人都表示，当时布朗"转身高举双手，并放低姿态，但警察还是拿枪抵住他，并对他连开数枪"。2014年11月24日，圣路易斯县的大陪审团决定，对枪杀迈克尔·布朗的白人警察不予起诉。在这一判决公布后，从最西部的西雅图，到中部的芝加哥，再到美国最大的城市纽约，愤怒的人群走上街头。与此同时，弗格森则发生了大规模的骚乱，示威者喊出"警察别开枪，我们投降"的口号，并打出写有"制止种族主义警察恐怖行径"和"为迈克尔·布朗争取公正"的横幅。这一事件最终引发"小石城事件"后美国最严重的种族分歧和冲突，并使人民将注意力集中到弗格森和美国各地长期发酵的种族不平等关系上。

迈克·布朗枪击案在美国并不是孤例。在这之后两个月，又一名18岁黑人青年在邻近地区被身穿制服的警察连开17枪击毙，当地再度爆发大规模抗议游行。人们还联想到，2012年

2月，佛罗里达州的非洲裔少年特雷文·马丁被协警齐默尔曼开枪打死，后者在一年多后被宣判无罪，引发黑人民权组织的不满和抗议。

在陪审员做出不起诉枪杀黑人少年布朗的白人警察决定后，西雅图的许多民众以倒地的方式抗议陪审团的决议

身份不平等的背后，隐藏着西方国家出现经济不平等的深层次原因。在马克思恩格斯看来，人的权利决不能超出社会的经济结构以及由经济结构制约的社会的文化发展。从根本上说，资产阶级民主国家之所以无法彻底解决社会的不平等特别是经济的不平等问题，就在于资产阶级民主革命所确立的以私有制为基础的资本主义的生产方式。生产资料的私人占有制度把“一切封建特权和政治垄断权合成一个金钱的大特权和大垄断权”①，最终导致以金钱的特权代替人的特权和垄断特权的局面。因此，真正的平等，必须依赖于无产阶级掌握政权，建立起以公有制和无产阶级政治统治为基础的社会主义民主制度。

① 《马克思恩格斯全集》，中文1版，第2卷，647页，北京，人民出版社，1957。

1956 年，以毛泽东为核心的党的第一代中央领导集体带领全党全国各族人民完成了新民主主义革命，进行了社会主义改造，确立了社会主义基本制度，成功实现了中国历史上最深刻最伟大的社会变革，为当代中国一切发展进步奠定了根本政治前提和制度基础。在社会主义基本制度下，平等首先表现为一种政治权利的平等。全体人民真正取得了当家作主的平等地位和权力，国家的一切权力属于人民，人民不再只是被管理和压迫的对象，而是成为了国家和社会的主人，他们平等地享有管理国家和社会事务的权力，有充分的机会和权利去表达他们对政府的负责的批评和积极的建议。

与资本主义民主制相比，社会主义民主制对平等的看护更多地表现为全体人民可以平等地享有经济权利，这种平等主要是指国家的各个权利主体在生产资料的占有和支配权上处于同等的地位。1949 年 9 月中国人民政治协商会议通过的《共同纲领》就明确指出："凡属国有的资源和企业，均为全体人民的公共财产"，全体人民对此平等地享有。

此外，由于个人之间不可避免地会存在着诸多的差异，经济上的平等地位并不意味着我们就要人为地抹去人与人之间的差异性，要在各个方面都达到结果上的绝对均等。不过，这种经济上的差异性和不平等如果不断扩大，就有导致两极分化的趋向，这显然与社会主义基本制度是相违背的。因此，在社会主义条件下，平等有时还表现为一种差别原则。如果权利主体因其自身的能力或者外在的条件而导致自己无法充分地行使本该与其他权利主体平等地享有的权利时，对他们给予有针对性的差异性救济和保障，这不仅不是不平等的表现，相反，它应当是平等的基本内容。进入新时期，我们不断调整国民收入分配格局，加人再分配调节力度，着力解决收入分配差距较大问题，以期让发展成果更多更公平地惠及全体人民，朝着共同富裕的方向稳步前进。显然，这种意义上的平等就是对资本主义民主国家所宣扬的个人自由权基础上的平等的拓展，是真正意义上的平等。

## 三、秉持公正

公正，就是指我们日常所说的公平和正义。自古以来，公正一直是人们普遍追求的最高理想。中国传统文化中就有许多关于公正的思想。《礼记·礼运》就将理想的“大同”世界描绘为“大道之行，天下为公”。战国以后，从荀子告诫人们“公生明，偏生暗”，到唐代房玄龄强调“理国要道，在于公平正直”，再到清代王夫之亦言“以天下论者，必循天下之公，天下非一姓之私也”，这些观点莫不都是把社会公正理解为治国之要、兴国之道。在西方，公正也一直是基本的价值追求。亚里士多德就指出，“政治学上的善就是‘正义’。”近代契约论者卢梭也提出，公正即是公意，“公意永远是公正的，而且永远以公共利益为依归”。当代政治哲人罗尔斯更是认为，“正义是社会制度的首要价值”。可以说，不管是什么社会，都绝不敢公然摈弃对公平正义的寻求。“纵使天塌下来，也要实现公正。”

衡量一个社会是否公正，最为核心的标准就是看社会的每一个成员是否都得到自己应得的东西。虽然依据不同的情形，我们可以将“应得”区分为严格意义上的道德应得、建立在社会制度和个人资格之上的合法期望以及由公共规则体制所规定的应得，但在一个秩序良好的社会里，“应得”应该被恰当地理解为在公平条件下所争得的资格。这就意味着，我们必须将“应得”与制度相关联，使社会成员“得其应得”能从制度性的规约中获得力量。制度的建构与其奉行的政治价值有着密切的联系。无论是在理论上，还是在现实的政治进程中，人类对公正的追求都是通过现实的制度设计来加以反映。就此而言，公正乃是作为制度安排方面的首要价值或首要原则而存在的。

### 名人隽语

正义是社会制度的首要价值，正像真理是思想体系的重要价值一样。一种理论，无论它多么精致和简洁，只要它不真实，就必须加以拒绝或修正；同样，某些法律和制度，不管它们如何有效率和有条理，只要它们不正义，就必须加以改造或废除。

——［美］约翰·罗尔斯：《正义论》，3页，北京，中国社会科学出版社，1998

尽管古今中外都有公正的价值规范，但是，并非人类所创设的政治制度都能构成社会公平正义的外在承载。在古代，不管是柏拉图那里的“哲学王”政制，还是孔子那里的“圣王”政体，实质上都是一种倡导等级制的制度框架，因而不可能在现实的政治生活中构成价值增量的有效途径，公正的社会只不过是带有空想色彩的幻想。在近代，资产阶级革命所确立的资本主义民主宪政虽然废除了人与人的人身依附关系，为创设一个公正的社会准备了前提，但是，由于这种以资产阶级私人占有制为基础的立宪民主制所关注的只是个体抽象的自由、平等权利，却回避了人的现实社会关系的不自由、不平等的本性，忽视了实现每个人真实自由、平等的条件，因此，公正的社会依然只不过是抽象空洞的概念。正如马克思指出：“作为过去取得的一切自由的基础的是有限的生产力；受这种生产力所制约的、不能满足整个社会的生产，使得人们的发展只能具有这样的形式：一些人靠另一些人来满足自己的需要，因而一些人（少数）得到了发展的垄断权；而另一些人（多数）经常地为满足最迫切的需要而进行斗争，因而暂时（即在新的革命的生产力产生以前）失去了任何发展的可能性。由此可见，到现在为止，社会一直是在对立的范围内发展的，在古代是自由民和奴隶之间的对立，在中世纪是贵族和农奴之间的对立，近代是资产阶级和无产阶级之间的对立。”①

资本主义民主制度不可能解决社会的公正问题，无产阶级必须在资产阶级止步不前的地方迈步向前，进一步实践公平正义的理想。从一定社会的生产方式出发，马克思在批判资产阶级的公正观和资本主义民主制度的基础上，建立起自己的社会主义和共产主义公正理想。公正社会，归根结底是要解放人，使每个人都生活在真实而非虚假的联合体中，在这一联合体中，每个人都能根据自己的意愿来发展自己，“各尽所能，按需分配”，真正建立起公平正义的社会。

### 经典论述

真正的自由和真正的平等只有在共产主义制度下才可能实现；而这样的制度是正义所要求的。

——《马克思恩格斯全集》，中文1版，第1卷，582页，北京，人民出版社，1956

共产主义社会是最理想的公平正义社会。党的十八大报告指出：“公平正义是中国特色社会主义的内在要求。”在社会主义条件下，民主是实现社会公平正义的重要机制。只有发展社会主义民主政治，保证人民当家作主的地位，才能提供合法的制度管道，使社会各个利益群体都有权利和机会表达自己的利益诉求，也只有发展社会主义民主政治才能使政府的政策更加公正地体现各个不同群体的利益，让人民共享劳动成果。就此而言，现实的社会主义实践，可以通过发展民主政治，克服、扬弃资本主义社会抽象的自由、空洞的人权。

① 《马克思恩格斯全集》，中文1版，第3卷，507页，北京，人民出版社，1972。

**经典论述**

我们为社会主义奋斗，不但是因为社会主义有条件比资本主义更快地发展生产力，而且因为只有社会主义才能消除资本主义和其他剥削制度所必然产生的种种贪婪、腐败和不公正现象。

——《邓小平文选》，1 版，第 3 卷，143 页，北京，人民出版社，1993

新的时期，用民主政治建设维护社会的公平正义，就要求全体人民在共同奋斗、经济社会发展的基础上，加紧建设对保障社会公平正义具有重大作用的制度，逐步建立以权利公平、机会公平、规则公平为主要内容的社会公平保障体系，努力营造公平的社会环境，保证人民平等参与、平等发展的权利，让发展成果更多更公平地惠及全体人民。

## 四、坚守法治

民主和法治是国家治理现代化的两个不可或缺的因素。在当代中国，民主就是指人民当家作主，既寻求着大多数人的统治，同时也呵护着少数人的权利。法治则是指在中国共产党的领导下，坚持以宪治国，权力必须在宪法法律之下来行使。民主和法治二者相互关联，但彼此间亦存在着一定程度的紧张关系。这其中，引起我们争论的最大分歧点不只是民主和法治究竟谁更为重要的问题，还包括二者之中谁更具优先性的问题，也即我们在推进社会主义政治文明建设时，到底是应该坚持民主先行，还是坚持法治先行？

有学者指出，民主是一个好东西。总体而言，这并没有错误。中国共产党从第一代领导人毛泽东起，所有的领导者都强调民主的重要性，指出中国一定要走民主的道路。但是，这条路走得并非一帆风顺。而纵观世界上推行民主制的各个国家和地区，比较其正反两个方面的经验教训，我们会发现，民主化进程能够得到有序推进、国家经济和文化未曾遭遇大破坏的国家和地区，莫不都是以清正有效的法治为基础和前提的。反之，在缺失法治的情况下，简单的大规模民主化运动或民主化诉求往往会导致社会陷入长时期的混乱无序中，其结果是使民众不仅未能收获民主的好处，反而会因为社会的混乱而不堪其苦。只能说，播下的是龙种，收获的却是跳蚤。21世纪，在泰国、乌克兰等国家发生的所谓“民主化”运动，最终都没有给国家带来稳定，没有给人民带来幸福，相反却使国家和社会陷入了周而复始的动荡中。

**延伸阅读**

### 乌克兰的“民主”困境

乌克兰是欧亚大陆“重要的地缘政治支轴国家”之一。苏联解体之后的乌克兰，几乎做到了西方“民主化”的所有要求。政治领域实行多党竞争选举。在西方宪政民主、多党制思想渗透下，代表乌克兰各方利益的政党大量涌现。从 1997 年到 2004 年短短几年间，乌克兰出现了近两百个政党，带来国内政治生态迅速变化，自由放任的思潮在乌克兰国家政治中不断生长。政治的自由放任推动乌克兰经济大步走向私有化、自由化，一些社会投机者借助权势谋取利益，钱权政治盛行，催生了一大批经济寡头。这些经济寡头反过来利用多党选举制度，操控国家政策为自己的利益服务。在所谓的“民主”政治中，寡头政治家眼中的“民意”不过是为获取自身利益的借口，根本不顾国家的长远发展。

2004 年“颜色革命”当中，亲西方的尤先科在总统竞选中输给时任总理的亚努科维奇。然而，在西方的鼓动下，尤先科宣称选举不公正，号召支持者上街示威游行，掀起“颜色革命”。在西方施加强大的政治压力和暗中支持反对派的情况下，乌克兰政府不得不妥协，使被世人嘲讽为“美国女婿”的尤先科如愿当选总统。然而，“颜色革命”并没有给乌克兰带来真正的自由和幸福。乌克兰国内企业受腐败和政局动荡的拖累，大量倒闭。国际金融危机的爆发，更是重创了乌克兰经济，严重的经济下滑使得乌克兰债务陡增。以美国为首的西方国家为了自身的战略利益，推动乌克兰“颜色革命”，就是要把乌克兰变成“西方”，从而挤压俄罗斯的战略空间。乌克兰的老百姓则被“颜色革命”绑架，推翻了一个又一个政府，生活没有好转，反而愈加困苦，社会也屡屡陷于动荡，仅2月政权更迭骚乱就付出了103个生命失去和1 400多人受伤的惨痛代价。

“民主化”运动加剧了乌克兰的民族矛盾、地区差异和贫富差距，导致了新一轮的动荡，国家分裂成为“偶然中的必然”。2014年2月22日，乌克兰议会宣布受东部地区支持的总统亚努科维奇“自动失去权力”。但是乌克兰反对派还来不及欢呼和庆祝胜利，乌克兰南部和东部地区就掀起示威集会，提出用公投的方式，脱离乌克兰加入俄罗斯。3月16日乌南部的克里米亚地区公投决定加入俄罗斯。4月上旬，东部的顿涅茨克等三州出现了“脱乌入俄”的苗头，亲俄罗斯的民众走上街头示威游行，并与乌克兰安全部队发生了流血冲突。5月11日，顿涅茨克和卢甘斯克两州举行全民公投，并随后宣布成为独立“主权国家”，乌克兰危机不断升级。乌克兰是最早发生“颜色革命”的国家之一，在独联体国家当中被西方称赞为“民主样板”、“最自由的国度”。乌克兰人憧憬西方生活和追求西式民主，为何最终却演变成社会动荡和国家分裂的悲剧，不能不引人深思。

资料来源：高飞：《分裂与动荡：乌克兰难以下咽的“民主化”苦果》，载《求是》，2014（11）。

显然，如果一种民主，无法带来国家和社会的真正稳定，带来人民的真正幸福，这远不值得我们对其大书特书，甚至高声颂扬，相反，我们可以理直气壮地认为，这种偏离了法治轨道的民主是一种“坏的民主”。民主的核心价值之一就在于它对法治的坚守，如果不以法治为其根本形式，通过系统的程序和规则落实为法制，进而得到全面实施和检验，这样的民主就始终只是一个良好的愿望。因此，通过法治走向民主，通过法治国家的建设实现民主化，这应该是我们国家政治体制改革所遵循的基本路径。改革开放以来，我们在政治体制改革过程中，始终坚持通过法治来推动国家的民主政治，取得了巨大的成就。30 多年来的发展历程充分证明，厉行法治和依宪治国，是充分体现人民共同意志、充分保障人民民主权利、充分维护人民根本利益的前提，是我们国家和人民经受住各种困难和风险考验、始终沿着中国特色社会主义道路前进的根本法制保证。

应当强调的是，我们说法治先于民主，这并不是说法治在价值上优先于民主，或者说民主并不重要，而是强调在现实的层面上，民主离不开法治，离开了法治的约束，民主就有可能因为偏离自身的轨道而发生蜕变，甚至夭折。没有法治的民主，就像没有法治的经济繁荣一样，越民主、越繁荣，就越是灾难。

# 第五章

## 中国式民主的建构

中国特色社会主义政治发展道路是团结亿万人民共同奋斗的正确道路，已经形成了具有中国特色的民主发展模式。我们必须坚定不移地沿着这条道路探索民主政治建设的发展路径，以使我国社会主义民主政治展现出更加旺盛的生命力。

# 一、夯实人民民主

党的十八大报告指出："人民民主是我们党始终高扬的光辉旗帜。改革开放以来，我们总结发展社会主义民主正反两方面经验，强调人民民主是社会主义的生命，坚持国家一切权力属于人民，不断推进政治体制改革，社会主义民主政治建设取得重大进展，成功开辟和坚持了中国特色社会主义政治发展道路，为实现最广泛的人民民主确立了正确方向。"

## （一）人民民主是社会主义的生命

人民民主，就是最广大人民普遍都享有、实现人民当家作主的民主。对于社会主义来说，人民民主并不是一种外来的"附加物"，而是与生俱来的本质要求和核心价值。把人民民主提升到社会主义生命的高度，既与马克思主义关于民主的理论一脉相承，又是体现社会主义优越性的根本保证，是社会主义追求的核心价值目标。

第一，人民民主是无产阶级实现统治的基本途径。马克思恩格斯在《共产党宣言》中指出，共产党人领导工人革命的第一步就是无产阶级变成为统治阶级，争得民主。无产阶级民主彻底地贯彻了民主的要求，摈弃了资产阶级民主中违背民主本义的内容，真正把权力交给了人民，坚持人民主体地位，支持和保证人民通过人民代表大会行使国家权力。在社会主义取得胜利后，人民民主依然是无产阶级夺取政权后管理国家的方式。列宁在十月革命前就指出，"没

有民主，就不可能有社会主义。”胜利了的社会主义如果不实行充分的民主，就不能保持它所取得的胜利。无产阶级民主是无产阶级专政的基本形式，无产阶级掌握了国家政权后就会动员本阶级成员平等地分享政治权力，管理国家事务，管理经济事务。

第二，人民民主是社会主义的重要基石。社会主义制度与资本主义制度的重要区别之一就在于民主制度。从登上历史舞台之日起，社会主义就以广大人民的拥护、支持和参与为其根本政治基础，就此而言，人民民主是社会主义安身立命的基石，是健全社会主义制度的应有之义。在社会生活中，人民民主越是充分发展，就越显示出社会主义制度的正当性，以及相比资本主义制度的优越性。社会主义需要民主，没有民主，就没有社会主义，就没有社会主义的现代化，就没有中华民族的伟大复兴。同样，真正实现民主需要社会主义。在社会主义条件下，人民民主具有统一性、广泛性、真实性的特点和优点，充分地体现社会主义的优越性和吸引力，使得社会主义为区别于资本主义的崭新的人类文明。

**经典论述**

对丰富多彩的世界，我们应该秉持兼容并蓄的态度，虚心学习他人的好东西，在独立自主的立场上把他人的好东西加以消化吸收，化成我们自己的好东西，但决不能囫囵吞枣、决不能邯郸学步。照抄照搬他国的民主制度行不通，会水土不服，会画虎不成反类犬，甚至会把国家前途命运葬送掉。只有扎根本国土壤、汲取充沛养分的制度，才最可靠、也最管用。

——习近平：《在庆祝全国人民代表大会成立60周年大会上的讲话》

第三，人民民主是发展社会主义的力量之源。人民群众是历史的创造者，是建设社会主义的主体力量。在社会主义条件下，人民群众成为了国家的主人，人民群众既是先进生产力的创造主体，又

是解放和发展生产力的实践者、推动者；既是探索社会主义发展道路的认知主体，又是社会主义建设的理论、路线、方针、政策的直接实践者、推动者；既是物质文明、政治文明、精神文明创造活动的价值主体，又是社会全面进步和人的全面发展的直接实践者、推动者。因此，我们只有坚持人民当家作主的人民民主制度，才能增强人民群众的主人翁意识，充分调动和发挥人民群众开拓新生活的积极性、主动性、创造性，凝聚起最广大人民的智慧和力量，使广大人民群众的历史主体性作用得到充分发挥，使一切有利于造福社会和人民的源泉才能充分涌流，社会主义事业才能充满旺盛的生机和活力。

基于上，我们看到，民主与社会主义并不相矛盾，二者从根本上说具有内在的契合性。社会主义民主愈发展，人民民主就愈发展。人民民主是中国特色社会主义的基本价值追求，因此，对于社会主义国家来说，所需关注的并不是能不能搞民主的问题，而是如何搞民主、以什么样的思路来谋划和推进中国社会主义民主政治建设的问题。

## （二）以民主促民生：人民民主的内在逻辑

评价一个国家政治制度是不是民主的、有效的，一个重要的方面就是要看最广大人民的意愿是否得到了充分反映，最广大人民当家作主的权利是否得到了充分实现，最广大人民的合法权益是否得到了充分保障。这是中国民主本质的集中表述，是中国共产党、中国政府和人民经过长期实践得出的结论。这一重要结论表明，中国式民主政治建设与民生建设是有机结合在一起的，是否充分反映、实现和保障最广大人民的民生意愿，是衡量政治制度是否民主化的重要标准。中国共产党自成立起，就是要努力通过革命摧毁压制人民掌握权力的旧制度，建设真正的民主制度，真正使人民过上平等幸福的生活。这里，建立真正的民主制度，使人民当家作主，实质

是民主建设；确保人民过上平等幸福的生活，实质是民生建设。

改革开放以来，民主与民生在中国特色社会主义现代化建设中，越来越显现出核心价值理念的一致性。首先，中国式民主体制的创新为发展民生清除了体制上的羁绊。在传统的高度集权的经济模式下，生产者并没有自己的独立利益，没有自由活动的可能，使社会的每个细胞和器官都失去了自我发展的能力。随着邓小平将市场经济创造性地引入到社会主义中，市场机制得以在中国运行和发展，并由此在中国带来了一场以制度变迁为主要形式的分权式民主改革，人的自主、独立、竞争意识会大大加强和发展，在此基础上，社会主义的物质生产力得到了迅速的发展，并以此带动了人的各种社会权利的平等实现。其次，通过民主立法，为民生的发展提供法律保障。人大的立法活动是实现人民民主的重要体现，同时，各级人大的立法宗旨必须是注重最广大人民群众的切实利益，二者从根本上是一致的。最后，协商对话制度能够起到维护公众的民生利益的作用。发展的最终目的是要使最广大人民群众共享发展成果，社会主义协商民主是人民民主的重要形式，通过利害双方的民主协商，可以确保各方利益的平衡性和共享性，从而在根本上解决社会中许多民生矛盾与问题。

基于上，我们可以看到，在中国共产党领导的人民民主政治实践中，民主建设与民生建设是相伴而生、有机互动的，在推进民生建设的同时，也深刻地优化了民主建设的发展战略。

### （三）人民民主的发展与完善

人民民主是中国共产党始终高举的旗帜。在新的历史条件下继承人民民主的理想和追求，发展和完善人民民主，这是当代中国政治发展所面临的核心问题。

（1）完善人民代表大会制度，支持和保证人民通过人民代表大会行使国家权力。人民代表大会制度是保证人民当家作主的根本政

治制度。在新形势下，我们要坚持和发展人民民主，就必须毫不动摇地坚持和完善人民代表大会制度。一是要加强和改进立法工作，善于使党的主张通过法定程序成为国家意志，努力使每一项立法都符合宪法精神、反映人民意愿、得到人民拥护。二是要加强和改进法律实施工作，全面落实依法治国基本方略，坚持法律面前人人平等，深入推进依法行政，推进司法工作，使人民群众在每一个司法案件中都感受到公平正义。三是要加强和改进监督工作。只有让人民来监督政府，政府才不会懈怠；只有人人起来负责，才不会人亡政息。要充分发挥人大及其常委会的作用，加强对“一府两院”执法、司法工作的监督，让人民监督权力，让权力在阳光下运行，把权力关进制度的笼子里。四是要在人大设立代表联络机构，完善代表联系群众制度。各级国家机关加强同人大代表的联系、加强同人民群众的联系，是实行人民代表大会制度的内在要求，是人民对自己选举和委派代表的基本要求。五是要提高基层人大代表特别是一线工人、农民、知识分子代表比例，降低党政领导干部代表比例。

（2）坚持党的领导、人民当家作主、依法治国有机统一。党的领导是人民当家作主和依法治国的重要保证，人民当家作主是社会主义民主政治的本质核心，依法治国是党领导人民治理国家的基本方略，三者有机统一，既是我国社会主义政治文明区别于西方资本主义政治文明的本质特征，也是我们推进社会主义民主政治建设必须遵循的基本方针。

（3）更加注重改进党的领导方式和执政方式，保证党领导人民有效治理国家。中国共产党作为领导中国革命、建设和改革开放的核心力量，其领导地位是历史的选择和人民的选择。从根本上说，党性与人民性是一致的。但是，随着经济社会的发展以及利益的多元化，党在执政过程中要坚持人民群众的主体性地位，就必须注重改进自己的领导方式和执政方式，坚持立党为公、执政为民和清正

廉洁、遵纪守法，以协调好处理好多元化的社会利益，争取人民内部各种群体利益的最大公约数。

（4）更加注重健全民主制度、丰富民主形式，保证人民依法实行民主选举、民主决策、民主管理、民主监督，不断拓宽民主渠道，从各层次各领域扩大公民有序政治参与，发展更加广泛、更加充分、更加健全的人民民主。国家各项工作都要贯彻党的群众路线，密切同人民群众的联系，倾听人民呼声，回应人民期待，不断解决好人民最关心最直接最现实的利益问题，凝聚起最广大人民的智慧和力量。

（5）更加注重发挥法治在国家治理和社会管理中的重要作用，维护国家法制统一、尊严、权威，保证人民依法享有广泛权利和自由。"法治是治国理政的基本方式"，党领导人民推进人民民主建设，必须要将国家的各项活动纳入法治框架，接受法律的规制，实现国家各项工作的法治化，"保证人民依法享有广泛权利和自由"。"党领导人民制定宪法和法律，党必须在宪法和法律范围内活动。任何组织或者个人都不得有超越宪法和法律的特权，绝不允许以言代法、以权压法、徇私枉法"。

（6）要把制度建设摆在突出位置，充分发挥我国社会主义政治制度优越性，积极借鉴人类政治文明有益成果，绝不照搬西方政治制度模式。"物之不齐，物之情也。"世界上不存在完全相同的政治制度，也不存在适用于一切国家的民主制度模式。在历史性意义上，不同的国家，会因为有着不同的国情而形成不同的民主发展道路。在发展人民民主的过程中，我们必须改变社会治理过程中某些还不够民主的地方，我们也要学习包括西方政治民主在内的历史上民主实践中的有益的东西，但是我们绝不照搬西方的民主制度，因为其民主是基于资本主义社会的民主，不是人民民主。我们的确需要借鉴国外政治文明的有益成果，但是绝不能放弃中国政治制度的根本。

## 二、健全协商民主

社会主义协商民主，是中国社会主义民主政治的独特的、独有的、独到的民主形式，是中国共产党的群众路线在政治领域的重要体现。党的十八大提出，在发展我国社会主义民主政治的进程中，要完善协商民主制度和工作机制，推进协商民主广泛多层制度化发展。中共十八届三中全会强调，在党的领导下，以经济社会发展重大问题和涉及群众切身利益的实际问题为内容，在全社会开展广泛协商，坚持协商于决策之前和决策实施之中。这些重要论述和部署，为中国社会主义协商民主发展指明了方向。

**1. 协商民主是中国共产党和中国人民对民主形式的伟大创新**

"名非天造，必从其实。"实现民主的形式是丰富多样的，不能拘泥于刻板的模式，更不能说只有一种放之四海而皆准的评判标准。中国共产党在领导中国人民进行革命、建设和改革的长期实践中，吸收和借鉴人类民主政治发展的有益成果，形成了具有中国特色的社会主义协商民主形式。

首先，社会主义协商民主源自于中国共产党领导人民进行革命、建设、改革的长期实践。马克思主义经典作家通过以往时代民主理论特别是资产阶级民主理论的批评性继承与创新，同时结合无产阶级革命斗争的实践经验，提出了多数人统治的民主理论，这是民主政治发展史上的伟大飞跃。中国共产党自成立起，就以实现和发展最广泛意义的民主为己任。在新民主主义革命实践中，中国共产党与各民主党派、无党派人士一起，积极探索各方面人士民主协商、共同参与国家事务的民主新形式。抗日根据地的"三三制"政权建设就是我国协商民主的成功探索。1949 年 9 月，中国人民政治协商会议第一届全体会议召开，会议通过了具有临时宪法性质的《中国

人民政治协商会议共同纲领》，这标志着中国共产党领导的多党合作和政治协商制度的正式确立，也标志着协商民主这种新型民主形式的实现。1954 年，全国人民代表大会召开后，人民政协作为多党合作和政治协商机构、作为统一战线组织继续发挥重要作用，在完成社会主义改造、推动各种社会力量为实现国家总任务而奋斗、活跃国家政治生活、调整统一战线内部关系、扩大国际交往等方面发挥了重要作用，为推进新中国各项建设贡献了力量，从而正式形成了我国选举民主和协商民主形式相辅相成的格局，开辟了我国民主政治发展的新纪元。

其次，社会主义协商民主源自于中华民族长期形成的天下为公、兼容并蓄、求同存异等优秀政治文化。协商民主之所以能够在中国的政治土壤中生根发芽并茁壮成长，源自于它与中国政治文化的内在契合性。“统天下者当与天下同心。”中国传统文化倡导“和”、“中”的思维，体现在政治价值上就是注重和谐、合作、包容，注重从不同的意见、不同的主张、不同的诉求中寻求共同的利益交汇点，以求共赢。社会主义协商民主倡导“有事好商量，众人的事情由众人商量，找到全社会意愿和要求的最大公约数”的理念。这种“中国式商量”传递的正是“和衷共济”、“和而不同”等中华文化的核心价值观念，秉承了中华传统政治文化的核心精髓，并赋予了这些思想以新的时代内涵。

最后，社会主义协商民主源自中国的具体国情。我国是一个幅员辽阔、人口众多的国家，始终存在多阶层、多党派、多民族、多宗教的格局。改革开放新时期，我国经济社会结构发生了深刻的变化，多种所有制、多种分配方式并存，导致人们在思想观念、价值取向和行为方式上趋于多样性。香港、澳门的回归，使我们国家出现了不同制度、不同意识形态、不同生活方式共存的现象，各种差异的存在必然会产生不同的利益需求。作为一个文明古国，中国有着几千年的和合共济的文化传统。正是基于这样的国情，中国共产

党在坚持和完善人民代表大会制度的同时，充分发挥人民政协作为协商民主重要渠道的作用，围绕团结和民主两大主题，推进政治协商、民主监督、参政议政制度建设。

**2. 社会主义协商民主是我国人民民主的重要形式**

中国共产党领导人民实行人民民主，就是保证和支持人民当家作主。保证和支持人民当家作主不是一句口号、一句空话，必须落实到国家政治生活和社会生活之中，保证人民依法有效行使管理国家事务、管理经济和文化事业、管理社会事务的权力。习近平总书记指出："人民是否享有民主权利，要看人民是否在选举时有投票的权利，也要看人民在日常政治生活中是否有持续参与的权利；要看人民有没有进行民主选举的权利，也要看人民有没有进行民主决策、民主管理、民主监督的权利。"保证和支持人民当家作主，通过依法选举、让人民的代表来参与国家生活和社会生活的管理是十分重要的，通过选举以外的制度和方式让人民参与国家生活和社会生活的管理也是十分重要的。选举投票是人民的权利，包括民主决策、民主管理、民主监督在内的政治参与也是人民的权利，而且是必不可少的权利。但是，要把"实现人民最广泛、最有效的政治参与"作为最大追求，保障投票之后或非选举期间权利行使，就必须发展社会主义协商民主，使人民通过选举、投票行使权利，尽可能就共同性问题取得一致意见。

**3. 社会主义协商民主是中国共产党的群众路线在政治领域的重要体现**

中国共产党来自人民、服务人民，这就决定了中国共产党领导人民建立的中华人民共和国必须紧紧依靠人民治国理政、管理社会。"政之所兴在顺民心，政之所废在逆民心。"一个政党、一个政权，其前途命运最终取决于人心向背。中国共产党、中华人民共和国的全部发展历程都告诉我们，中国共产党、中华人民共和国之所以能够取得事业的成功，靠的是始终保持同人民群众的血肉联系、坚持

“一切为了群众，一切依靠群众，从群众中来，到群众中去”的群众路线。我们必须把人民利益放在第一位，任何时候任何情况下，与人民群众同呼吸共命运的立场不能变，全心全意为人民服务的宗旨不能忘，坚信群众是真正英雄的历史唯物主义观点不能丢。

习近平总书记指出：“全心全意为人民服务，始终代表最广大人民根本利益，是我们能够实行和发展协商民主的重要前提和基础。”在中国社会主义制度下，有事好商量，众人的事情由众人商量，找到全社会意愿和要求的最大公约数，是人民民主的真谛。要在自己的工作中实行群众路线，把自己的正确主张变为群众的自觉行动，就必须要做到就国家各项事务在人民内部各个方面进行广泛的商量。涉及人民利益的事情，要在人民内部商量好怎么办，不商量或者商量不够，要想把事情办成办好是很难的。我们要坚持有事多商量，遇事多商量，做事多商量，商量得越多越深入越好。涉及全国各族人民利益的事情，要在全体人民和全社会中广泛商量；涉及一个地方人民群众利益的事情，要在这个地方的人民群众中广泛商量；涉及一部分群众利益、特定群众利益的事情，要在这部分群众中广泛商量；涉及基层群众利益的事情，要在基层群众中广泛商量。

**4. 社会主义协商民主的特点和优势**

社会主义协商民主扎根中国实际的土壤中，反映了社会主义政治制度和政党制度的特点和优势，是中国社会主义民主政治中独特的、独有的、独到的民主形式，显示了巨大的优势和强大的生命力。

首先，选举民主与协商民主相结合。选举民主以公平竞争、投票决定为解决公共事务的民主形式，协商民主以平等讨论、理性协商为解决公共事务的民主形式。但在中国，选举民主与协商民主不是相互替代、相互否定的，而是相互补充、相得益彰的，是中国社会主义民主的两种重要形式，二者共同构成了中国社会主义民主政治的制度特点和优势。进一步，在这两种民主形式中，协商民主的

重要性要更甚选举民主，这与西方国家只讲公民的投票权利，而忽视公民广泛参与的民主权利形成鲜明的对比。

其次，有利于最大限度地包容和吸纳各种利益诉求。在社会主义制度下，协商民主的主体涵盖了中国共产党、人民代表大会、人民政府、人民政协、民主党派、人民团体、基层组织、企事业单位、社会组织、各类智库等十个方面的人士，他们能够通过各种渠道充分地、平等地、真诚地协商各类国家事务和社会事务，并最终依据民主集中制的原则，做出彼此都能接受的决策。

**延伸阅读**

全国政协十二届二次会议期间，政协委员、政协各参加单位和各专门委员会围绕中心、服务大局，紧扣改革发展稳定主题，积极通过提案建言献策，共提交提案 5 875 件。经审查，立案 4 982 件，与提案者协商后并案 77 件、撤案 202 件，作为委员意见和建议转送有关部门研究参考 614 件。在立案的提案中，委员提案 4 600 件，民主党派中央、全国工商联提案 340 件，人民团体提案 8 件，界别和界别小组、政协专门委员会提案 34 件。其中，有关经济发展类提案 370 件，财税金融类提案 472 件，资源环境类提案 371 件，农业水利类提案 432 件，教育类提案 467 件，文化宣传类提案 352 件，医疗体育类提案 738 件，政治法律类提案 434 件，工交邮电类提案 459 件，等等。这些提案表明，社会各界各方面的愿望和建议得到了充分的反映，最为充分地调动了社会各方面人士的积极性、主动性，有利于推动党和政府决策科学化、民主化，为建设中国特色社会主义凝聚各方力量，集中各界智慧，形成强大合力。

最后，有利于充分体现社会主义民主的真实性。习近平总书记指出：“民主不是装饰品，不是用来做摆设的，而是要用来解决人民要解决的问题的。”通过协商民主，可以有效克服党派和利益集团为自己的利益相互竞争甚至相互倾轧的弊端；可以广泛畅通各种利益要求和诉求进入决策程序的渠道，有效克服不同政治力量为了维护和争取自己的利益固执己见、排斥异己的弊端；可以广泛形成发现和改正失误和错误的机制，有效克服决策中情况不明、自以为是的弊端；可以广泛形成人民群众参与各层次管理和治理的机制，有效克服人民群众在国家政治生活和社会治理中无法表达、难以参与的弊端；可以广泛凝聚全社会推进改革发展的智慧和力量，有效克服各项政策和工作共识不高、无以落实的弊端。这充分体现了社会主义民主的真实性，是中国社会主义协商民主的独特优势所在。

**5. 社会主义协商民主的发展路径**

**经典论述**

社会主义协商民主，应该是实实在在的、而不是做样子的，应该是全方位的、而不是局限在某个方面的，应该是全国上上下下都要做的、而不是局限在某一级的。因此，必须构建程序合理、环节完整的社会主义协商民主体系，确保协商民主有制可依、有规可守、有章可循、有序可遵。

——习近平：《在庆祝中国人民政治协商会议成立65周年大会上的讲话》

在新时期，要推进社会主义协商民主的建设，必须全面贯彻落实党的十八大、十八届三中全会的精神，拓宽中国共产党、人民代表大会、人民政府、人民政协、民主党派、人民团体、基层组织、企事业单位、社会组织、各类智库等的协商渠道，深入开展政治协商、立法协商、行政协商、民主协商、社会协商、基层协商等多种协商，建立健全提案、会议、座谈、论证、听证、公示、评估、咨询、网络等多种协商方式，推进协商民主广泛、多层、制度化发展，不断提高协商民主的科学性和实效性。主要是要加强以下几个方面的工作：

首先，坚持和完善中国共产党领导的多党合作和政治协商制度，充分发挥人民政协作为协商民主重要渠道的作用，围绕团结和民主两大主题，推进政治协商、民主监督、参政议政制度建设，更好协调关系、汇聚力量、建言献策、服务大局。人民政协以宪法、政协章程和相关政策为依据，以中国共产党领导的多党合作和政治协商制度为保障，集协商、监督、参与、合作于一体，是社会主义协商民主的重要渠道。着眼于此，人民政协要发挥作为专门协商机构的作用，把协商民主贯穿履行职能的全过程，不断提高协商民主制度化、规范化、程序化水平，更好协调关系、汇聚力量、建言献策、服务大局；要拓展协商内容、丰富协商形式，建立健全协商议题提出、活动组织、成果采纳落实和反馈机制，更加灵活、更为经常开展专题协商、对口协商、界别协商、提案办理协商，探索网络议政、远程协商等新形式，提高协商实效，努力营造既畅所欲言、各抒己见，又理性有度、合法依章的良好协商氛围。

其次，加强同党派团体、企事业单位、社会组织、各类智库等的政治协商，把政治协商纳入决策程序，坚持协商于决策之前和决策之中，增强民主协商实效性。一是要拓宽中国共产党、人民代表大会、人民政府、人民政协、民主党派、人民团体、基层组织、企事业单位、社会组织、各类智库等的协商渠道，就经济社会发展重大问题和涉及群众切身利益的实际问题广泛协商，广纳群言、广集民智，增进共识、增强合力。凡是中国共产党做出重要决议、推出重大改革措施、采取重要举措，都要坚持同各民主党派以及无党派人士进行民主协商，听取他们的意见。二是要拓宽协商的类型。中共中央根据年度工作重点提出规划，深入开展政治协商、立法协商、行政协商、民主协商、社会协商、基层协商等多种协商，这就要求将中共中央同各方面的民主协商进一步制度化、程序化。三是拓宽协商的方式。建立健全提案、会议、座谈、论证、听证、公示、评估、咨询、网络等多种协商方式，完善民主党派中央以及其他社会组织、智库直接向中共中央提出建议的方式，不断提高协商民主的科学性和实效性。这些措施拓宽了民主协商的渠道，密切了中共中央同各民主党派中央的直接联系。

最后，积极开展基层民主协商。涉及人民群众利益的大量决策和工作，主要发生在基层。因此，要推进社会主义协商民主，重点是要在基层群众中开展协商，做到协商于民，协商为民。群众利益无小事，协商民主如果不能从基层搞起，将难以真正凸显其作用，获得广泛的群众基础。一是凡是涉及群众切身利益的决策都要充分听取群众意见，通过各种方式，在各个层级、各个方面同群众进行协商。二是要完善基层组织联系群众制度，加强议事协商，做好上情下达、下情上传工作，保证人民依法管理好自己的事务。三是要推进权力运行公开化、规范化，完善党务公开、政务公开、司法公开和各领域办事公开制度，让人民监督权力，让权力在阳光下运行。

**延伸阅读**

### 浙江省温岭市的“民主恳谈会”

“民主恳谈会”于1999年6月诞生于浙江省温岭市松门镇，是浙江省温岭市原创性的基层民主形式，是扩大基层民主，推进民主决策、民主管理、民主监督的重要载体，被当地村民称为松门的“焦点访谈”。“农业农村现代化教育建设论坛”是“民主恳谈会”的雏形，其目的本来是宣传政策、普及观念，是由上而下的。论坛设计了让群众发言的环节，结果出现了意想不到的情况，老百姓感慨“都20年没有这样说话的机会了”。以此为契机，温岭市和松门镇一批富有眼光、勇于探索的领导干部不仅将这项活动坚持了下来，而且经过逐步摸索，将这一措施推广到其他的乡镇。

温岭市的“民主恳谈会”经历了三个发展阶段：第一个阶段的“民主恳谈会”发端于改善干群关系；第二个阶段为“决策咨询”

功能的出现与发展；第三个阶段是从“民主恳谈会”向“民主听证会”的转型。民主恳谈会实际上是政府决策的公开听证会、官员和公民的平等对话会，也是不同利益群体之间的协调沟通会。

“民主恳谈会”通常由乡镇、村或乡镇部门党组织主持，由广大的群体或相关的代表参与。它主要有四种形式：一是乡镇、村、部门以及企业的民主恳谈活动；二是镇民主听证会；三是村级民主议事制度；四是“民情恳谈”活动。温岭市松门镇的“民主恳谈会”有三个层次、四个类型：镇级民主恳谈、镇各部门恳谈、村级民主恳谈和企业民主恳谈。

在温岭市的各种“民主恳谈会”形式中，镇的民主听证制度和村的民主议事制度是其重点建设的制度。温岭市委、市政府正致力将“民主恳谈会”制度化、规范化。“民主恳谈会”如今已成为温岭市和整个台州地区乃至浙江省全面推行的民主决策、民主管理模式。例如，2002 年 5—8 月的几个月时间里，温岭市温峤镇就召开过 35 次层次不一的“民主恳谈会”。温岭村民的“民主恳谈”制度，有效地保障了广大村民在村务管理中的知情权、参与权、决策权和监督权，真正体现了村民当家作主的主人翁地位，对于推进村级民主政治建设起到了积极的推动作用。

资料来源：中共台州市委宣传部编：《基层民主政治建设：浙江省台州市民主恳谈会创新研究》，北京，中国社会科学出版社，2003。

## 三、推动党内民主

党内民主是中国共产党建党以来一直坚持的原则和主张。自党的十六大把党内民主提升到党的生命的高度以来，党的十七大、十八大、十八届三中全会对党内民主的发展进行了一系列的战略性部署，积极稳妥、扎实有效地推进党内民主建设，坚持民主集中制，坚持党员主体地位，完善党内民主制度，在党的思想、组织、作风等各个方面加强民主建设，使党内民主意识普遍增强、党内民主制度不断健全、党的创造活力充分发挥，有效地推进了党内民主的发展，并以此为示范，进一步带动了人民民主的发展。

## （一）中国共产党党内民主的发展脉络

党内民主是马克思主义政党的重要政治原则。在马克思恩格斯看来，按照民主的原则建设党，这是无产阶级实现自身民主权益的重要前提，体现在组织和党内权力形态上，就表现为党是按民主的形式组织起来并展开自己的活动。无产阶级的第一个共产党组织——共产主义者同盟就是按照这一原则形成了党内民主制度的许多规定：（1）党内平等制度。同盟内所有成员都一律平等。（2）党内选举和罢免制度。同盟的各级领导机构，从基层到中央，都必须自下而上地选举产生，而且可以随时撤换。（3）党内民主决策制度。同盟的代表大会是最高权力机关，决定一切重大问题。中央委员会是也仅仅是代表大会的执行机关，有义务向代表大会报告工作。

列宁继承和发展了马克思恩格斯的党内民主思想，并第一次提出了“党内民主”的概念。在 1905 年 11 月的《论党的改组》一文中，列宁明确提出“党内民主化”的概念，他同时将民主和集中联系起来，提出了要以“党内民主集中制”来阐释党内民主。“我们在自己的报刊上一向维护党内民主。……我们从未反对过党的集中，我们主张民主集中制。”①

中国共产党在长期的革命、建设和改革的实践中，自觉地继承和发展马克思主义经典作家的党内民主思想，在发展党内民主的问题上既有丰富的经验，也有深刻的教训，逐渐形成了具有自身特色的党内民主理论。1937 年 5 月，毛泽东就在《为争取千百万群众进

① 《列宁全集》，中文 2 版，第 27 卷，89 页，北京，人民出版社，1990。

入抗日民族统一战线而斗争》一文中强调，为了发挥全党的积极性，把全党团结得像钢铁一样有力量，党内的民主是必要的。在中共六届六中全会上，毛泽东进一步重申，扩大党内民主，应看作是巩固党和发展党的必要的步骤，是使党在伟大斗争中生动活跃，胜任愉快，生长新的力量，突破战争难关的一个重要的武器。1942 年开展的延安整风运动，是中国共产党运用民主集中制的原则，发展党内民主的一次实践运动。为清除党内存在的各种错误思想，毛泽东同志提出了“惩前毖后、治病救人”的原则和“团结—批评—团结”的公式，确立了“批评和自我批评”的作风，坚持用整风方法解决党内问题。1945 年党的七大通过的党章第一次明确了党员的权利和义务，规定了党的各级领导机关，必须遵照党内民主的原则进行工作，从而使党内民主有了完整的实现体系和稳定的主体力量。

**名人隽语**

党内民主的实质，就是要发扬党员的自动性与积极性，提高党员对党的事业的责任心，发动党员或党员的代表在党章规定的范围内尽量发表意见，以积极参加党对于人民事业的领导工作，并以此来巩固党的纪律和统一。只有认真地扩大党内民主，才能巩固党内的自觉的纪律，才能建立与巩固党内的集中制，才能使领导机关的领导工作臻于正确。

——刘少奇：《刘少奇选集》（上卷），365 页，北京，人民出版社，1981

新中国成立后，党内民主的发展经历了一个曲折的进程。党的八大是弘扬和发展党内民主的光辉范例，无论是毛泽东的《开幕词》，刘少奇的《政治报告》、邓小平的《关于修改党的章程的报告》，还是大会通过的《关于政治报告的决议》，都涉及如何发展党内民主和健全党内民主制度的问题。1959 年召开庐山会议后，特别是在“文化大革命”期间，党内民主生活遭到了严重的破坏。十一届三中全会实现了党的建设的重大转折，党内民主建设逐渐得到了恢复和发展。党的十二大通过了新的党章，重新恢复了对党员权利的规定，提出了关于禁止任何形式的个人崇拜、凡属重大问题都要由党委民主讨论作出决策等重要规定。

党的十三大把党内民主提到一个新高度，提出“以党内民主来逐步推动人民民主，是发展社会主义民主政治的一条切实可行、易于见效的途径”。党的十六大报告正式地提出“党内民主是党的生命”这个重要论断，强调要“以保障党员民主权利为基础，以完善党的代表大会制度和党的委员会制度为重点，从改革体制机制入手，建立健全充分反映党员和党组织意愿的党内民主制度”。党的十七大报告则在党的代表大会上第一次提出了“党员主体地位”的概念，指出“党内民主是增强党的创新活力、巩固党的团结统一的重要保证。要以扩大党内民主带动人民民主，以增进党内和谐促进社会和谐”。党的十八大报告进一步重申了“党内民主是党的生命”重大命题，提出要完善党代会代表提案制，保障党员主体地位，健全党员民主权利保障制度，指明了党内民主建设的方向，是新时期党内民主建设的行动指南。

### (二) 党内民主是党的生命

回顾党内民主建设正反两个方面的历史，我们看到，党内是否实行民主和实行的程度，是关系到党的性质和党是否有生机和活力的问题。党内民主，是中国共产党的政治本质规定性之一，是党的生命的重要体现。这是因为：

(1) 党内民主是中国共产党的本质特征。中国共产党作为工人阶级的先锋队组织，是广大党员的“自愿联盟”，其本质特征不仅在于其宗旨和使命是全心全意为人民服务，更在于它的组织成员之间是完全平等的，“其组织本身是完全民主的。”

(2) 发展党内民主是推进民主政治建设的战略选择。在民主体制中，国家政治意志的形成和政治行为实施的过程必须是充分民主的。而为了确保意志形成和行为动员以民主的方式进行，就要求发动、协调、综合和实施这些活动的政党在处理所有内部事务时，必须遵守和践行民主的基本原则。中国共产党作为中国唯一的长期执政的大党，在整合中国社会政治、经济、文化和军事等几乎所有领域的全部资源方面处于绝对的领导地位。由此，对于始终以发展人民民主为己任的中国共产党来说，加强党自身的民主建设，特别是对党的领导体制的改革，就不仅是一个政党内部的党建问题，而且也是带动和示范人民民主，进而实现中国民主政治的发展的根本性问题。党内民主建设的历史经验说明，党内民主活跃，整个国家的民主政治生活就实现得好；反之，如果党内民主遭到破坏，国家的民主政治生活就会受到冲击。

（3）发展党内民主是保证我们党始终坚持正确的前进方向的重要方面。新时期，世界政治多极化和经济全球化趋势继续在曲折中发展。随着我们国家与世界各国交往的进一步扩大，各种矛盾也以不同形式交错展开，必然会面临着西方政治思潮的渗透以及一些不良因素的影响，某些政治势力会不遗余力地将他们所选择和维护的政党制度和民主思想当成是所谓的普世价值，企图用各种方式强行向别的国家的政党和人民推销这些制度。苏共正是在这种“民主化”的口号下照搬西方的政党民主，最终改变了以马克思主义为指导的党内民主建设方向，导致了毁党亡国的命运。中亚一些国家的执政党也正是受这些思潮的影响，或主动改变了原有的政治经济体制，或发动“颜色革命”，最终给整个国家带来灾难性影响。这些都给执政的中国共产党敲响了警钟。在当前，积极发展党内民主，坚持用马克思主义的民主观来引导党员和干部分清原则是非，提高鉴别和抵御错误思想倾向的能力，这对于我们反对西方推销的“个性化”、“自由化”的价值观念、坚持社会主义民主的前进方向，有着不可替代的作用。

### (三) 党内民主的核心问题是科学理解和正确处理民主与集中的关系

正确认识和处理好党内民主与集中统一的关系，这是党内民主从理论形态转向实践形态时所呈现出的核心问题。党的十七届四中全会对此进行了科学的揭示："党内民主是党的生命，集中统一是党的力量保证。"党内民主与集中统一并不是相对立的。毛泽东早就指出，民主是对集中而言，自由是对纪律而言。这些都是一个统一体的两个矛盾着的侧面，它们是矛盾的，又是统一的。民主与集中的关系集中体现为民主基础上的集中和集中指导下的民主相结合。我们不应当简单地将民主与集中的矛盾理解为二者相对立，也不能片面地强调某一个侧面而否定另一个侧面。

**名人隽语**

党内反民主的专制主义倾向，和党内极端民主化的现象，是党内生活上的两种极端现象。而极端民主化的现象，又常常当作专制主义倾向的一种惩罚而出现。这两种倾向都是错误的，都极大地妨碍与破坏党内的真正统一与团结，全党必须警惕，严防这些现象的发生。

——刘少奇：《刘少奇论党的建设》，460页，北京，中央文献出版社，1991

民主集中制的民主，就是在权力架构层面上，要使党员和党组织的意愿、主张充分表达和积极性创造性充分发挥。一方面，党并不天然具有要求服从的权利。党的权力是党员们为了共同的理想目标而走在一起，创建了党组织，并通过自己的授权或让渡给党的权力机关才产生的，因此，发扬党内民主，就是要坚持做到党的权力和权力机关的产生都是来自于党员的授权，构筑以党员权利来约束党组织的权力的制度框架。另一方面，维护党的集中统一，要求我们必须时刻把党和人民放在心中最高的位置，也即，集中统一决不是按照个人的意志、长官的意志，而只能是按照党和人民的意志。因此，党组织必须要尊重党员的共同意志，依照全体党员的共同意志来形成党的行动纲领和方针政策。

民主集中制的集中，就是在权力的运行层面上，要充分维护党的领导机关的权威，并在此基础上，依据实践发展的需要，随时调整党的权力运作体制，以便在最高权力机关的统一领导下协调全党的行动，使全党意志、智慧的凝聚和行动高度一致。党的十七届四中全会强调，党员个人服从党的组织，少数服从多数，下级组织服从上级组织，全党各个组织和全体党员服从党的全国代表大会和中央委员会，这是对党内民主生活秩序的总概括，是正确处理党内各种关系的基本准则。这其中，最重要的是坚持全党服从中央。这是因为，只有坚持了全党服从中央，才能强化党员意识，提高党员干部恪守组织纪律的自觉性，才能维护中央权威，保证中央政令畅通。在十八届中央纪委三次全会上，习近平同志深刻阐述了严明党的组织纪律、加强组织纪律性这一重大命题，强调全党同志要“相信组织、依靠组织、服从组织，自觉接受组织安排和纪律约束，自觉维护党的团结统一”。这就要求各级党组织和所有党员必须在思想上政治上行动上与以习近平同志为总书记的党中央保持高度一致，自觉维护中央权威，确保有令必行、有禁必止，杜绝“上有政策、下有对策”。

### （四）以制度创新推进党内民主建设

党的十八大报告要求“全面提高党的建设科学水平”，这就对新时期我们推进党内民主建设提出了更高的要求。发展党内民主涉及的内容是多层次和多方面的，最为重要和根本的是加强党内法规和制度。2014 年 8 月，中共中央政治局审议通过了《深化党的建设制度改革实施方案》，要求今后一个时期，全党要着眼于健全党的组织制度体系，发展党内民主，严明党的纪律，维护党中央权威，维护党的团结统一，保持党的生机活力，提出要严格党内生活制度、完善党委工作制度、完善党的代表大会和党内选举制度，这标志着推进党的建设制度改革已进入全面实施阶段，为了我们新时期改革体制机制，建立健全充分反映党员和党组织意愿的党内民主制度，使党内民主逐步实现规范化、科学化、制度化，从而不断推动党内民主向纵深发展提供了基本的遵循和科学的指南。

**经典论述**

我们过去发生的各种错误，固然与某些领导人的思想、作风有关，但是组织制度、工作制度方面的问题更重要。这些方面的制度好可以使坏人无法任意横行，制度不好可以使好人无法充分做好事，甚至会走向反面。……不是说个人没有责任，而是说领导制度、组织制度问题更带有根本性、全局性、稳定性和长期性。这种制度问题，关系到党和国家是否改变颜色，必须引起全党的高度重视。

——《邓小平文选》，2 版，第 2 卷，333 页，北京，人民出版社，1994

**1. 保障党员主体地位，健全党员民主权利保障制度**

党员是党的主体，党内民主从本质上讲，就是全体党员在党内当家作主的政治权利和政治制度。党员主体地位的实现程度，是衡量党内民主发展程度的重要标尺。因此，要发挥党员的主体性作用，首要的是通过一系列的制度建设，尊重和保障党员的民主权利，把本应属于党员的权利交还给党员，由党员直接或间接地决定党内各种事务。党员在党内一律享有平等的政治地位、政治权利，可以直接或通过代表间接地参与、处理党内所有事物。党的十八大报告对党员的权利和各级党组织如何保障党员民主权利的行使做出了具体的规定，强调要开展批评和自我批评，营造党内民主平等的同志关系、民主讨论的政治氛围、民主监督的制度环境，落实党员知情权、参与权、选举权、监督权。着眼于党员的主体地位，我们要疏通和拓宽党内民主渠道，使党员对党内事务有更多的了解和参与，并且把党的方针政策、指示决议，及时传达给下级党组织和党员。此外，还必须理顺和健全党内监督机制，认真贯彻《中国共产党党内监督条例》中的相关规定，有效地落实和保障党内监督权的行使。通过一系列法律性和制度性的规范，真正保障党员的民主权利，推动党内民主的发展。

**2. 完善党内民主选举制度**

党内选举，是实现党内民主的重要形式。邓小平就曾指出："不管党也好，政也好，根本的问题是选举。"党章也规定："党的各级领导机关，除它们派出的代表机关和在非党组织中的党组外，都由选举产生。"党的十八大明确提出，"完善党内选举制度，规范差额提名、差额选举，形成充分体现选举人意志的程序和环境。强化全委会决策和监督作用，完善常委会议事规则和决策程序，完善地方党委讨论决定重大问题和任用重要干部票决制"。这就明确了党内民主选举制度改革的方向。要进一步改革和完善党内选举制度，落实广大党员对党内的"事"（表决）和"人"（选举和被选举）的参与权、表决权，一是要明确党内竞争性选举的改革方向，依据自上而下（组织提名）与自下而上（党员或代表提名）相结合的办法，改革和完善候选人的提名制度，使各方面优秀干部充分涌现、各尽其能、才尽其用。要依据党章和《中国共产党基层组织选举工作暂行条例》中关于差额选举范围的规定，坚持和完善差额选举制度。要在总结一些县（乡）、区直接选举乡、镇领导实践的基础上，进一步扩大基层党组织领导班子的直接选举范围。同时，要逐步建立和实现党员或党代表与候选人直接对话制度，确立竞争性选拔干部的基本方式，进一步完善竞争性选举制度，全面准确贯彻民主、公开、竞争、择优方针，扩大干部工作民主，提高民主质量，完善竞争性选拔干部方式，提高选人用人公信度，不让老实人吃亏，不让投机钻营者得利。

**延伸阅读**

## 近年来全国各地党内竞争性选举制度的发展

新世纪以来，许多地方党组织开始进行了一系列发展党内民主的改革试点，党内竞争性选拔或选举制度改革试点不断扩大。

| | | 典型案例 | 主要内容 | 发展情况 |
| --- | --- | --- | --- | --- |
| 竞争性选举 | 党代表选举 | 2002年四川雅安县级党代表直选<br>2003年湖北罗田县党代表直选 | 原来县党代表由各单位推选，试点实行党员直接选举、差额选举 | 还有台州椒江区、湖北宜昌等直选县级党代表案例，但全国并不多见 |
| | 党的领导班子成员选举（包括村支部书记、乡镇党委书记及委员、县委书记） | 2001年湖北广水市两票制选举村支部书记<br>2001年四川平昌县公推直选乡镇党委书记<br>2004年南京市社区党支部公推直选<br>2008年贵阳市区（县）党委书记公推竞岗 | 原来实行组织提名、间接选举、等额选举为特征的确认型选举，试点实行开放式提名、直接选举、差额选举 | 截至2009年，四川省普遍采取“两推一选”、“公推直选”方式选拔村党支部书记。其他省份也陆续开展。截至2007年10月，全国有300多个乡镇开展领导班子公推直选试点 |
| | 政府领导推荐人选 | 2003年徐州沛县县长推荐人选公推公选<br>2005年四川县市长候选人“两推一选” | 原来由上级党委直接提名、没有竞争，试点实行由“选举人团”投票推选，存在公开竞争 | 主要集中在江苏和四川，江苏有十多个公推公选案例，湖北有2个公推公选案例，四川全省实行“两推一选” |

资料来源：王勇兵：《党内民主在中国地方的试点》，载《经济社会体制比较》，2010（1）。

### 3. 完善党代表大会制度

党代会常任制是指党代会主体的代表和作为党代会组织载体的相关机构，其任期与下一届党代表大会和代表的任期在时间上相衔接，通过定期召开会议行使职权、发挥作用的一整套制度规范，其目的在于使党的代表大会可以成为充分有效的党内最高决策机关、最高监督机关。坚持和完善党代会常任制，有利于发挥党的代表大会的作用和发挥党员代表的作用，通过党代表的权利约束党委的权力，同时通过党代会的民主测评监督约束党委成员个人，为进一步推进党内民主提供了制度平台。完善党的代表大会制度，必须提高工人、农民代表比例，落实和完善党的代表大会代表任期制，逐步试行乡镇党代会年会制，深化县（市、区）党代会常任制试点，实行党代会代表提案制。从 1988 年浙江台州椒江区党代会常任制试点开始，四川雅安、湖北罗田等地都开始实行了党的代表大会常任制试点，取得了明显的效果。

**延伸阅读**

**四川雅安雨城区、荥经县党代会常任制试点状况**

雅安市位于四川西部，辖七县一区，有中共党员 72 596 名，各级党委 293 个，党组 152 个，总支 158 个，支部 3 461 个。雅安市委组织部在党代表大会常任制试点选择中考虑了雅安地理、经济和党组织分布状况的特点，拟在城市人口和党员较多、经济条件相对较好的雨城区和农村人口比重较大、党员居住较分散、党建工作基础相对薄弱的荥经试点，以获取不同的经验教训供将来雅安更多的区、县选择。

雅安的代表大会常任制试点酝酿于十六大召开前，成于十六大召开之后。2002 年 9 月，正值雅安市区、县党代表换届选举，市委组织部认为这是创新的好机会。在市委的支持下，他们于 10—12 月，在雨城区和荥经县党代会换届中进行党代表大会常任制的民主尝试。十六大召开时，雅安的代表大会常任制正在进行制度设计之中。十六大报告中关于“要以保障党员民主权利为基础，以完善党的代表大会制度和党的委员会制度为重点，从改革体制机制入手，建立健全充分反映党员和党组织意愿的党内民主制度。扩大在市、县进行党的代表大会常任制的试点。积极探索党的代表大会闭会期间发挥代表作用的途径和形式”的精神给了雅安一颗定心丸。时任雅安市委组织部长的张锦明回忆起这段经历时说：“当时我们围坐在电视机前，仔细倾听有关常任制的精神。十六大报告给了我们巨大的鼓舞，坚定了我们进行试点的决心，打消了担心违章的顾虑。”

雅安的党代表大会常任制得益于当地的干部制度改革。2001年底，雅安市委在全市范围内公开选拔了一批县级领导干部；2001年乡村换届中，市委又在174个乡镇、1 110个村全面实行党政正副职“公推公选”、一般干部“零起点竞争”、村支部书记“公推直选”和村主任“海选”。在这些改革中有64名原任乡镇领导干部、181名原任村支书和215名原任村主任落选。而一批德才兼备、年轻有为、有群众基础的干部则在干部选拔过程中脱颖而出。2002年8月，雅安市委组织部直接成功领导了该市雨城区北郊乡的先锋队和常任制试点。上述各种干部选拔方式有些已经作为制度固定下来，有些正在完善，而先锋队试点已经在雅安全市推开。这些政治体制不同层面的改革使雅安的区、县党代表换届选举中有常任的党代表已成为广大党员心中的渴望。至此，县级党代表大会常任制已是呼之欲出。

雅安党代表大会常任制的主要内容包括落实党员的民主权利、代表结构设置、竞争产生党代表、扩大党代表的权利、增加党委工作的透明度和公开性、密切党委与基层组织和普通党员的联系等等。这些内容是通过三个环节，即直选党代表、代表大会和代表日常行权体现的。在实施代表大会常任制过程中，雅安进行了一系列制度创新、建设，与非常任制比，凸显出常任制的效绩，而更重要的是在制度创新过程中探索出的增强党的执政能力的途径。

资料来源：中国政府创新网。

### 4. 坚持和完善民主生活会制度

召开专题民主生活会，是发展党内民主的重要内容。民主生活会制度的建立，有利于提高领导班子发现和解决自身问题的能力，自我完善、自我提高的能力，是发扬党内民主的重要途径。习近平同志就强调，我们党的民主生活会有着很长历史，随着党内民主的发展而发展，在党的各个历史时期发挥了重要作用，有利于党永葆生机活力。1929 年 12 月，古田会议决议就提出“厉行集中指导下的民主生活”。20 世纪 40 年代的延安整风运动确立了“批评与自我批评”的作风，为建立民主生活制度提供了基本的规范和经验。十一届三中全会后，党的民主生活开始步入正轨。1980 年 2 月，《关于党内政治生活的若干准则》的规定标志着民主生活会制度的正式建立。民主生活会就是我们党提高领导班子发现和解决自身问题能力的制度安排，这一方式能使广大党员干部特别是领导干部及时发现和纠正自身缺点，切实提高领导班子自我净化、自我完善、自我革新、自我提高能力。这就要求我们在新时期，必须坚持和完善民主生活会制度，要坚持惩前毖后、治病救人的基本原则，按照“照镜子、正衣冠、洗洗澡、治治病”的基本要求，营造良好氛围，开展批评和自我批评，坚持班子问题和班子成员个人问题一起解决，思想问题、作风问题和工作问题一起解决，确保收到良好效果。

**经典论述**

开好专题民主生活会，是教育实践活动一项规定动作。实践证明，开好专题民主生活会，是新的时代条件下坚持党要管党、从严治党，严格党内生活，加强党的建设的重要途径，为坚持和完善民主生活会制度提供了新鲜经验和重要借鉴。

——习近平：《在河南省兰考县委常委班子专题民主生活会上的讲话》

**5. 完善党内基层民主制**

党内基层民主是党内民主建设的基础性工程。基层党组织是党的组织体系中的基础层级，是党的全部工作和战斗力的基础。因此，推进党内民主建设，就必须要完善党内基层民主制度，夯实基层党内民主这个基础。党的十六大以来，党内民主制度体系进一步健全。修订颁布了《中国共产党党员权利保障条例》，在全党逐步建立起党内情况通报制度、情况反映制度、重大决策征求意见制度，拓宽了党员行使民主权利的渠道，为发展党内基层民主提供了重要的制度保证。新的时期，我们必须在认真贯彻落实好已有制度措施的基础上，鼓励基层积极探索扩大党内基层民主的多种实现形式，完善党员定期评议基层党组织领导班子等制度，推行党员旁听基层党委会议、党代会代表列席同级党委有关会议等做法，增强党内生活原则性和透明度，从而不断促进党内基层民主的发展。

# 四、发展基层民主

随着社会经济的发展，我国公民有序政治参与的渠道逐渐增多，基层自治、参与等民主形式日益丰富，基层民主也正式被纳入中国特色社会主义民主政治的范畴。党的十八大报告明确提出，“在城乡社区治理、基层公共事务和公益事业中实行群众自我管理、自我服务、自我教育、自我监督，是人民依法直接行使民主权利的重要方式”。这一重要论述，不仅提升了基层群众自治制度的内涵，更从战略上给新时期的基层民主发展提供了指导思想和行动方向。

## （一）基层民主是社会主义民主的重要组成部分

所谓基层民主，就是存在于基层政权、基层群众自治组织以及社会组织的民主制度和民主生活，主要包括农村的村民自治、城市的居民自治和企事业单位的民主管理制度。改革开放以来，中国共产党始终将基层民主作为发展社会主义民主政治的基础性工程重点推进，使人民群众依法直接行使民主权利，管理基层公共事务和公益事业，实行自我管理、自我服务、自我教育、自我监督，对干部实行民主监督，基层民主已经发展成为社会主义民主政治的重要组成部分。

早在 1981 年，中共十一届六中全会通过的《关于建国以来党的若干历史问题的决议》就强调，要“在基层政权和基层社会生活中逐步实现人民的直接民主”，强调要特别注重发展各城乡企业中劳动群众对于企业事务的民主管理。针对此，邓小平也多次强调：“把权力下放给基层和人民，在农村就是下放给农民，这就是最大的民主。我们讲社会主义民主，这就是一个重要内容。”①

1982 年，党的十二大报告明确提出，民主应当成为人民群众进行自我教育的方法，要将社会主义民主扩大到基层，发展各个企业事业单位的民主管理，发展基层社会生活的群众自治。同年年底，新修改的《中华人民共和国宪法》第一次将“基层群众自治”写入宪法，并且明确提出，城市的居民委员会和农村的村民委员会是基层群众自治组织，自此，我国村民和居民自治组织获得了法律上的地位确认。

1987 年，党的十三大明确从国家制度的角度去看待基层民主的发展，指出“基层民主生活的制度化，是保证工人阶级和广大群众当家作主，调动各方面积极性，维护全社会安定团结的基础”。这一认识上的变化，极大地提升了基层民主在中国政治生活中的战略地位。1987 年 11 月，六届全国人大常委会第二十三次会议通过了《中华人民共和国村民委员会组织法（试行）》，用法律的形式确认了村民自治制度；1988 年 4 月，七届全国人大一次会议通过的《中华人

---

① 《邓小平文选》，1 版，第 3 卷，252 页，北京，人民出版社，1993。

民共和国全民所有制工业企业法》，以法律形式明确规定："职工代表大会是企业实行民主管理的基本形式，是职工行使民主管理权力的机构。"1989年12月，七届全国人大常委会第十一次会议通过了《中华人民共和国城市居民委员会组织法》，对城市居民自治的性质、任务、组织形式等进行了全面的规范。以这三部法律为基础，1992年召开的中共十四大，第一次明确将中国的基层民主分为三大部分，即村委会、居委会和职代会，提出要以基层群众自治性自治组织为载体发展基层民主政治。

党的十五大、十六大报告明确提出和坚持了"扩大基层民主"的民主政治建设目标。扩大基层民主，保证人民群众直接行使民主权利，依法管理自己的事情，创造自己的幸福生活，是社会主义民主最广泛的实践。报告明确规定，基层民主既包括人民群众依法直接行使民主权利、管理基层公共事务和公益事业，同时还包含人民群众对基层政权机关的民主参与和民主监督，这就从实际上扩大了基层民主的空间。

2007年，党的十七大第一次将"基层群众自治制度"写入党的代表大会报告中，与人民代表大会制度、中国共产党领导的多党合作和政治协商制度、民族区域自治制度一起，成为中国特色社会主义民主政治的四大支柱之一，基层群众自治制度的地位得到了前所未有的提升。与此同时，报告不仅明确了"社会组织"在基层民主建设中的作用，提出"发挥社会组织在扩大群众参与、反映群众诉求方面的积极作用，增强社会自治功能"，而且首次将"基层民主"由国家和社会层面扩展到党内生活，提出要"扩大党内基层民主"，开始逐步探索党内基层民主的多种实现形式。2012年，党的十八大报告明确提出了"完善基层民主制度"的重大任务，同时要求扩大基层群众自治范围，积极开展基层民主协商，从而对"基层民主"进行了更为系统的制度安排和战略规划。

综上所述，在中国的民主政治建设中，基层民主的兴起与发展，都是党和政府为适应经济社会发展变迁的现实需求而做出的重大战略决策。改革开放 30 多年来，中国的基层民主遵循着中央顶层设计、基层循序渐进的发展轨迹，已经带动了中国社会的整体变迁，成为中国特色社会主义民主政治的重要组成部分。

## （二）基层民主是中国式民主最直接、最广泛的民主实践

改革开放以来，中国逐步建立了以农村村民委员会、城市居民委员会和企业职工代表大会为主要内容的基层民主自治体系。广大人民在城乡基层群众性自治组织中，依法直接行使民主选举、民主决策、民主管理和民主监督的权利，对所在基层组织的公共事务和公益事业实行民主自治，已经成为当代中国最直接、最广泛的民主实践。

### 1. 民主选举

村民委员会、居民委员会、职工代表大会是法定的基层自治组织。按照宪法、村民委员会组织法、城市居民委员会组织法等法律法规，村民（居民）委员会成员由主任、副主任和委员组成，一般三到七人，任期三年，由选民直接选举或罢免。在选举过程中，所有村委（居委）会成员的候选人都由村民直接提名和直接投票决定，采取无记名投票、公开计票方式，选举结果当场公布，做到公正、公平、公开。目前，全国 31 个省、自治区、直辖市已经制定或修订了村（居）民委员会组织法实施办法或村（居）委会选举办法，有力地促进了中国农村和城市的基层民主政治建设。

**延伸阅读**

截至 2013 年底，中国农村共有 58.9 万个村委会，村民小组 466.4 万个，村委会成员 232.3 万；其中，有 98%以上实行直接选举，大部分省份到目前已经开展了 8～9 轮村委会换届选举，村民平均参选率达到 95%以上。最近一届村委会选举从 2011 年开始，

到2013年结束，全国共有6亿农民参加直接选举。这是世界上涉及人数最多的直接选举。

截至2013年底，全国共有94 620个社区居委会，居民小组13.7个，48.4万名社区居委会干部。社区居委会普遍进行了五次以上的换届选举。选举的形式经历了由候选人被动提名到自荐报名、由等额选举到差额选举、由间接选举到直接选举的发展过程，候选人的资格也打破了地域和身份的限制。

资料来源：民政部印发的《2013年社会服务发展统计公报》。

**2. 民主决策**

依据村（居）民委员会组织法，在一些涉及村民和居民利益的重要事项上，如制定、修改村民自治章程、村规民约，审议本村经济社会发展规划，评议村民委员会成员的工作，审议社区的公共事务，都要经由村（居）民会议或村（居）民代表会议、听证会、协商议事会等有效形式和渠道，进行充分讨论和审议，按照少数服从多数的原则，最终作出表决。目前，中国已有96%以上的农村建立了实施民主决策的村民会议或村民代表会议制度。

**延伸阅读**

**湖北通山的村民票决村干部工资制度**

为加强村民群众对税费改革后村委会干部的监督和制约，湖北省通山县推行“村委会”工作岗位及工资由村民票决的管理新模式。2006年以来，通山县在全县推行以“竞标定岗位，评议定报酬”为主要内容的村干部岗位管理新模式。村干部的工资由职务工资和岗位工资两部分组成，岗位工资由村民代表民主评分确定，工资多少与得分高低挂钩。其主要做法是，年初通过竞标方式定岗位，将村级工作分为党务、村务、财务、计划生育、民兵、妇女、社会稳定、扶贫开发等数个岗位，每个岗位确定“标底”

（完成工作的报酬），然后由全体村干部上台发表竞岗演讲，经村民代表投票确定具体中标人，一人可兼多岗，没有竞到岗的不发岗位工资。每季度最后一个月采取评议的方式定报酬，村干部上台向村民代表汇报 3 个月来的工作情况，村民代表依据村干部每个岗位的工资成绩，为他们投票打分，得分在 95 分以上的，可领取全额报酬，每下降 1 分报酬则下降 1%。村民票决村干部工资的做法，有力地解决了农村税费改革后，村委会干部的物质收入主要由财政转移支付，从而使村民对村委会干部的制约有可能失去有力手段这一问题，重新在村民与村干部之间建立起利益关联机制，从机制上保障了村民对村委会的监督和制约。

资料来源："中国村民自治展示中心"之"聚焦村治"。

### 3. 民主管理

全体村（居）民依据国家相关法律法规，可以结合本地实际情况，讨论制定或修改村（居）民自治章程、村规民约或社区管理条例等，从而真正实行自我管理、自我教育和自我服务。目前，中国有 80%以上的乡村制定了村民自治章程或村规民约。1999 年，国家在全国 26 个城市开展了社区建设的实验工作，并通过省、市、区、街道等各级文件，对社区的民主管理进行了明确的规定。

**延伸阅读**

**山东潍坊的村级事务管理契约化**

为了强化农村村务管理，使村规民约的各项规定具体化、刚性化，山东潍坊市坊子区在农村推行村级事务契约化管理，就是通过合同、协议、纪要等书面形式，把村（居）事务，特别是易引发矛盾纠纷和不稳定问题的事项依法固定下来，以明确有关双方的权利义务、履行时间和违约责任。把有关的法律法规、政策规定及村规民约具体到契约中去，达到公开透明、责权明晰、执行有据、运作规范的效果，用基层干部群众的话说就是“平时办事有依据，调解纠纷有根据，打起官司有证据”，从而从源头上预防和化解矛盾纠纷。

资料来源：“中国村民自治展示中心”之“聚焦村治”。

**4. 民主监督**

村民可以依法通过村务公开、民主评议村干部、村民委员会定期报告工作、对村干部进行离任审计等制度和形式，监督村民委员会工作情况和村干部行为。而在城市社区中，也通过设立监督主体、明确监督内容、定期开展监督活动和建立惩罚性的机制，初步形成了社区民主监督机制。

**延伸阅读**

**陕西眉县的政务、村务公开四级联动**

为推进村务之间的密切联系，强化公开效果，陕西眉县建立了县乡村组四级政务村务公开联动机制。县乡两级政务公开是村务公开的外延，组务公开是村务公开的细化。1998年，眉县县委、县政府决定实行县、乡、村、组四级联动公开，制定了政务公开制度和组务公开制度。各级成立了政务公开领导小组，凡涉及农业、农村、农民的县级部门、事业单位、乡镇政府及七站八所一律实行政务公开、事务公示制度，并将村务公开全面延伸到各个村民小组的组务公开。县财政、农业、计生、水利、电力等机关事业单位、全县各个乡镇一律沿街设立了各自的政务公开栏和事务公示栏，定期公开下拨资金、征收任务、指标分配等相关项目，公示相关政策规定、办事程序和收费标准等，既方便了群众办事，又防止了不正之风。此项工作由各级纪检、监察部门负责定期检查考评。全县共建立村务公开栏181个，小组公开栏883个，县机关政务公开栏 26 个，县事业单位政务公开栏 48 个，乡镇政务公开栏 18 个，七站八所政务事务公开栏 83 个。全县整体上形成了县、乡、村、组四级联动，政务村务组务齐公开的工作格局。村务公开的深化，推动了县乡的政务公开；村务公开的细化，延伸到了组务公开；政务公开促进了村务公开，组务公开完善了村务公开。

资料来源："中国村民自治展示中心"之"聚焦村治"。

### （三）健全基层民主制度的战略选择

党的十八大明确提出了"完善基层民主制度"。要完成这一重大战略任务，我们必须要从以下几个方面优化基层民主建构的战略：

首先，要健全基层党组织领导的充满活力的基层群众自治机制。

基层群众自治制度包括农村村民委员会制度和城市居民委员会制度。在农村，要进一步完善村民民主选举、民主决策、民主管理、民主监督的方式方法，提高农村公共事务、公益性事业的自我管理水平和调解民间纠纷、维护社会治安的自觉性。在城市，要完善居民委员会"三会"（协调会、听证会、评议会）制度、居民来访制度、居委会工作报告制度等，进一步发挥城市居民在社区治理、公共事务和公益性事业中自我管理、自我服务、自我教育、自我监督的积极性主动性，不断拓展城乡居民参与重大事务的管理、决策和监督的渠道。一是要注重用利益纽带调动城乡居民有序参与的积极性，更多地吸收城乡居民参与基层事务的管理。二是要推进信息公开，把城乡社区管理涉及的事务尽可能地向居民公开，让每一位居民心里都有一本"明白账"。三是要加强议事协商，凡涉及居民的公共事务和公益性事业，涉及基层群众利益的重大事务，都要开展议事协商，广泛听取居民的意见和建议，尽可能地达成一致性意见，妥善处理好各种不同意见和利益关系。四是要加强权力监督，对城乡社区中担负管理职责的机构和人员加强监督，调动居民参与监督的积极性，防止腐败现象的发生。

其次，要全心全意依靠工人阶级，健全以职工代表大会为基本形式的企业单位民主管理制度，保障职工参与管理和监督的民主权利。

我国《宪法》第十六条规定：国有企业依照法律规定，通过职工代表大会和其他形式，实行民主管理，因此，企事业单位的民主也就成为中国城市基层民主的重要组成部分。一方面，职工代表大会是国有企业职工民主参与的基本形式，因此，必须要健全以职工代表大会为基本形式的企事业单位民主管理制度，建立职代会预备会议制度、职代会代表团（组）长会议制度、协商对话会议制度、职工民主议事会、听证会制度和旁听制度等，从而使职代会的运作程序化和制度化。二是通过工会这一职工群众自己的组织来参与民主实践，强化职工在本单位经营管理和各项事务中的民主管理、民主监督作用，审议企事业单位的重大决策，管理企事业单位内部事务，监督行政领导行使管理职权，维护职工合法权益，确保企事业单位各项事业健康、可持续发展。

最后，要发挥基层各类组织的协同作用，实现政府管理和基层民主有机结合。

共青团、妇联等团体以及各类社会组织是基层群众自治的重要依托。一是要加强对基层各类组织的领导，积极培育各种有利于促进社会公共利益、基层民主和社会自治功能的社会组织，推动基层各类组织广泛发扬民主，实行民主决策、民主监督，提高工作透明度，引导和规范基层各类组织健康有序发展。二是要充分发挥基层各类组织在维护群众利益、反映基层群众诉求、管理基层事务、扩大群众参与等方面的积极作用，增强基层各类组织的自治功能，拓宽基层群众自我管理、自我服务、自我教育、自我监督的渠道，实现政府管理和基层民主的有机结合。

## 延伸阅读

### “4＋2”工作法：民主决策的有益探索

2005年，河南省邓州市开始在所辖578个行政村全面推行“4＋2”工作法。“4＋2”工作法是河南省邓州市近年来深化“三级联创”活动、加强农村基层组织建设的创新实践。

**什么是“4＋2”工作法**

所谓“4＋2”工作法就是，凡是村级重大事务和与农民群众切身利益相关的事项，都要按照“4＋2”工作法决策、实施，其基本程序包括“四议两公开”。“四议”是指党支部会提议、“两委”会商议、党员大会审议、村民代表会议或村民会议决议；“两公开”是指决议公开、实施结果公开。

村党支部会提议。对村内重大事项，村党支部在广泛听取意见、认真调查论证的基础上，集体研究提出初步意见和方案，使提议符合本村发展实际，符合群众意愿。

村“两委”会商议。根据村党支部的初步意见，组织“两委”班子成员充分讨论，发表意见。对意见分歧比较大的事项，根据不同情况，可采取口头、举手、无记名投票等方式表决，按照少数服从多数的原则形成商议意见。

党员大会审议。对村“两委”商定的重大事项，提交党员大会讨论审议。召开党员大会审议前，须把方案送交全体党员，在党员中充分酝酿并征求村民意见；党员大会审议时，到会党员人数须占党员总数的2/3以上，审议事项经应到会党员半数以上同意方可提交村民代表会议或村民会议表决；党员大会审议后，村“两委”要认真吸纳党员的意见建议，对方案修订完善，同时组织党员深入农户做好方案的宣传解释工作。

村民代表会议或村民会议决议。党员大会通过的事项，依照有关法律法规规定，在村党组织领导下，由村委会主持，召集村民代表会议或村民会议讨论表决。参加会议人数必须符合法律规定，讨论事项必须经全体村民代表或到会村民半数以上同意方可决议通过。

决议公开。经村民代表会议或村民会议决议通过的事项，一律在村级活动场所和各村民小组村务公示栏公告，公告时间原则上不少于7天。

实施结果公开。决议事项在村党支部领导下由村委会组织实施，实施结果及时向全体村民公布。

**“4+2”工作法取得了哪些成效**

从河南省邓州市实施“4+2”工作法的过程来看，取得了一定的成效。

一是明确了农村基层组织的工作方向。在“4+2”工作法实施过程中，党支部享有主动权，能够充分发挥领导核心作用；村委会享有自主权，能够充分发挥决策执行主体作用。两者之间领导与被领导的关系进一步明确了，各自的工作职责进一步明晰了。“两委”班子负起了各自的责任、发挥了各自的作用，实现了工作相连、力量相聚、目标相同。二是理顺了村干部的工作思路。“4+2”工作法集中了民智，汇聚了民力，推进了科学决策、民主决策，解决了部分干部不愿干、不敢干、不会干的问题。

三是推进了农村的改革发展。邓州市各村运用“4+2”工作法，确立具有比较优势，发展条件优、潜力大、前景好的特色产业，走上了经济发展提速、农民发家致富的路子。

四是理顺了干群关系。“4+2”工作法将民主贯彻到基层，使广大群众“参与有渠道、管理有资格、诉求有回应、监督有保障”，有效预防了权力的滥用乱用，有效化解了矛盾和问题。同时，“4+2”工作法实现了决策过程让群众参与、决策效果由群众检验，使群众管理村级事务的主观意愿变成了看得见、摸得着的民主实践，促使党员干部主动问政于民、问需于民、问计于民，争取群众支持、赢得群众认可。

**“4+2”工作法有推广价值吗**

“4+2”工作法的实质，就是坚持党的群众路线，农民群众的事情让农民群众自己议、自己定、自己干、自己管，也就是把群众的首创精神激发出来形成决策，然后再通过实施回到群众中去，形成推进农村改革发展的强大合力。

“4+2”工作法从机制上既增强了决策的合法性、合理性和可操作性，又保障了村民的知情权、参与权、表达权和监督权，融决策、管理、监督和落实为一体，加强了村级组织配套建设，提高了党员干部领导科学发展的能力，从而构建起充满活力的乡村管理新机制。

“4+2”工作法拓展了农村党员群众参政议事的渠道，扩大了农村基层民主。广大群众参与有渠道、管理有资格、诉求有回应、监督有保障，参政议事的积极性空前高涨

“4+2”工作法按照程序推进，达到了公开透明的目的，还干部一个清白，给群众一个明白。事实证明，只有坚持公开透明，让权力在阳光下运行，才能促进科学决策，推动工作落实。

“4+2”工作法转变了农村党员干部的思维方式、领导方式和工作方法，使农村党支部成为推动科学发展、带领群众致富、密切联系群众、维护农村稳定的坚强核心。

“4+2”工作法让群众成为基层民主政治建设的主体，化解了矛盾，保持了稳定与和谐，为新农村建设注入了生机与活力，让各种利益群体得到有效整合，在较深的层次上对乡村治理新机制进行了有益探索，已成为农村干部亲民、为民、富民的有效形式，成为推进新农村建设的强力引擎。

“4+2”工作法让老百姓干自己愿意干的事，村级事务让农民自己议、自己定、自己干，突出了农民的主体地位，整合了农村建设力量，农民的意愿得到充分反映，蕴含的智慧得到充分发挥，

建设家乡的积极性尽情迸发，大大加快了社会主义新农村建设进程。也增进了干群之间的沟通了解，减少了矛盾纠纷，促进了乡风文明和农村的和谐稳定，成为破解农村工作难题的一把钥匙。

资料来源：郭献功：《“4＋2”工作法：民主决策的有益探索》，载《学习时报》，2009-07-20。

**图书在版编目（CIP）数据**

社会主义核心价值观·关键词. 民主/韩震总主编；石碧球编著. —北京：中国人民大学出版社，2015.4

ISBN 978-7-300-21049-0

Ⅰ.①社… Ⅱ.①韩…②石… Ⅲ.①社会主义建设-价值论-中国 Ⅳ.①D616

中国版本图书馆 CIP 数据核字（2015）第 067707 号

社会主义核心价值观·关键词
总主编 韩 震
**民 主**
石碧球 编著
Minzhu

| | | | |
|---|---|---|---|
| **出版发行** | 中国人民大学出版社 | | |
| **社　　址** | 北京中关村大街 31 号 | **邮政编码** | 100080 |
| **电　　话** | 010－62511242（总编室） | | 010－62511770（质管部） |
| | 010－82501766（邮购部） | | 010－62514148（门市部） |
| | 010－62515195（发行公司） | | 010－62515275（盗版举报） |
| **网　　址** | http://www.crup.com.cn | | |
| **经　　销** | 新华书店 | | |
| **印　　刷** | 天津中印联印务有限公司 | | |
| **规　　格** | 160 mm×235 mm　16 开本 | **版　　次** | 2015 年 5 月第 1 版 |
| **印　　张** | 6.75 插页 1 | **印　　次** | 2021 年 11 月第 3 次印刷 |
| **字　　数** | 81 000 | **定　　价** | 28.00 元 |